Lene Wenzel   Albert Schweitzer gestern – heute

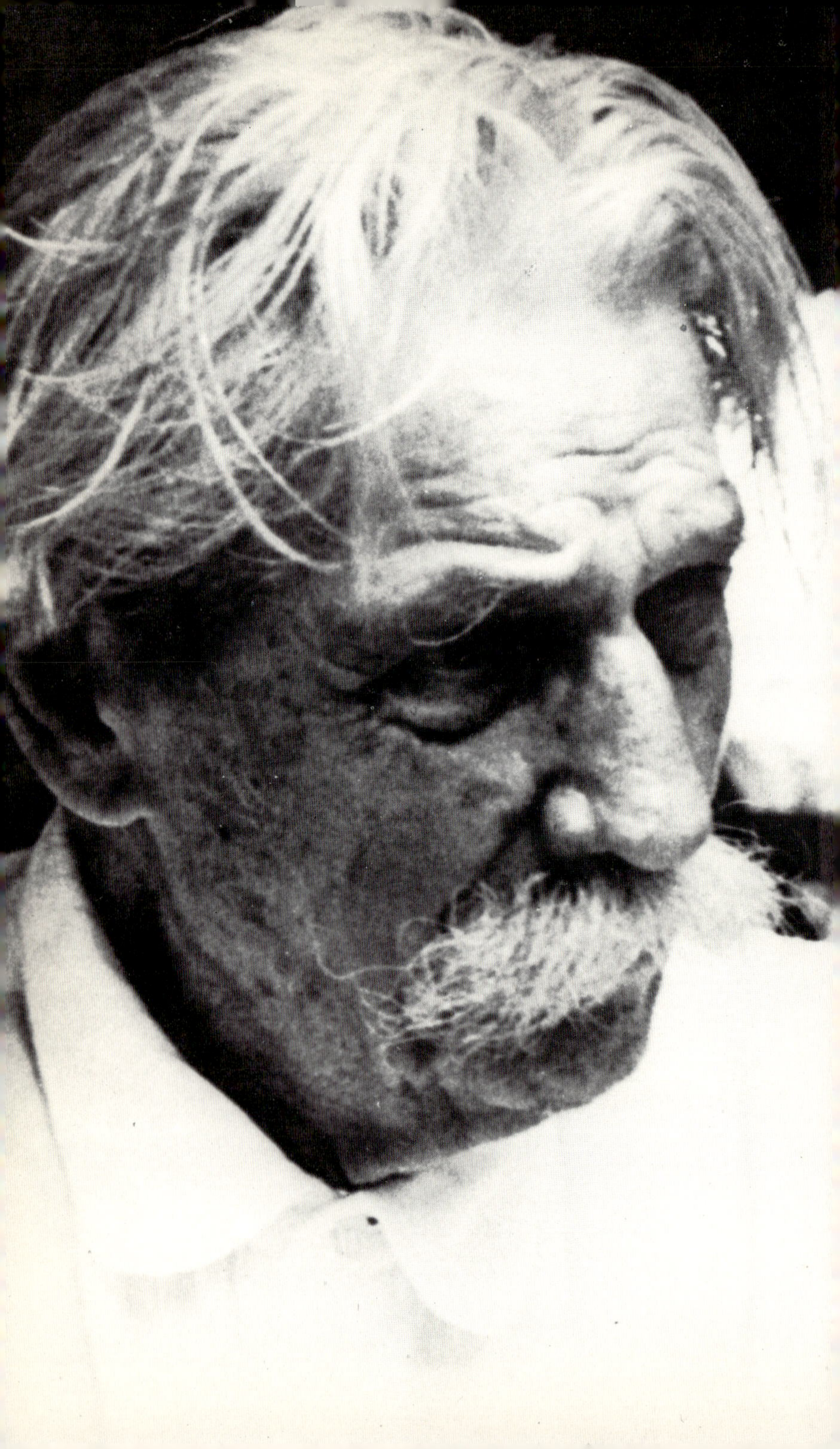

Lene Wenzel

ALBERT SCHWEITZER GESTERN HEUTE

Eine Anthologie
der Begegnungen

Haupt

Frontispiz: Aufnahme von Erica Anderson, Lambarene 1964

ISBN 3-258-01212-1

Printed in Switzerland

Vorwort

Die Mehrzahl der Texte von dieser Anthologie übergab ich Dr. Albert Schweitzer 1959 bei einem Besuch in Günsbach. 1960 weilte ich für 7 Wochen als Helferin im Urwaldspital. Im Abschiedsgespräch bat Albert Schweitzer darum, die Begegnungen nicht vor seinem Tode zu veröffentlichen. Diesen Wunsch bekräftigte er nochmal in einem Brief vom 5. 10. 1961, worin es u. a. heißt:

> Darum lassen Sie mich still die letzte Strecke meines Wanderns gehen, in aller Schlichtheit. Wenn ich dann der Vergangenheit angehöre, darf man wissen, was an Liebe und Anerkennung und Verehrung mir Menschen zuteil werden liessen. Dann erst wird die Atmosphäre geschaffen sein, in der diese Begegnungen den richtigen Klang haben werden. Von einem Toten darf man mehr sagen als von einem Lebenden

Seitdem ist mehr als ein Jahrzehnt vergangen. Jetzt, zum 100. Geburtstag des großen Menschenfreundes am 14. Januar 1975, möchte diese Veröffentlichung nicht nur mehr oder weniger Vertrautes in die Erinnerung zurückrufen, sondern gleichzeitig Albert Schweitzers Werk und Wirken in der Gegenwart vorstellen, um dadurch den Blick auf sein ureigenstes Anliegen zu lenken: Mitten im Getriebe der Welt nicht „Menschendinge" zu werden, sondern mitzuhelfen – ein jeder an seinem Platze –, der Menschheit ein menschliches Antlitz zu geben. Denn wie die Welt von morgen auch aussehen mag, bewohnbar wird sie nur bleiben, solange wir am Leid des Nächsten Anteil nehmen und versuchen, es zu überwinden. Alles aufopfernd Vollbrachte ist auf dieser Erde immer für alle geleistet, so auch das, was Schweitzer tat. Er wird uns helfen, ein neues Maß zu finden.

„Unsere Zeit schlägt sich in Sinnlosigkeiten herum wie ein gefallenes Pferd in seinen Strängen. Auf die Füße kommt das Pferd erst wieder, wenn man es abschirrt, auf die Füße kommt unsere Welt erst wieder, wenn sie sich beibringen läßt, daß ihr Heil nicht in neuen Maßnahmen, sondern in neuen Gesinnungen besteht."[1]

Zum Schluß möchte ich allen Autoren und Verlagen danken, die ohne Entgelt die Beiträge zur Verfügung stellten. Frau Hanna Borchers und Herrn Rüdiger Sperber bin ich sehr dankbar für die Hilfe bei der Durchsicht der Texte. Sie alle ordnen sich in die Reihe derer, die das Licht, das Albert Schweitzer in Lambarene anzündete, weitertragen möchten.
Die biographischen Angaben wurden mit den Autoren bzw. den Verlagen abgesprochen. Die Texte von Guy Barthelémy (1. Textteil), Frederick Franck, Larimer Mellon, Pater Pire (z. T.), Timothy Rhee und Romain Rolland wurden von der Herausgeberin ins Deutsche übertragen.
Der Ertrag der Anthologie soll nach dem Wunsche Albert Schweitzers der Leprösenhilfe in Lambarene zufallen.

Ludwigsburg, im März 1974 Lene Wenzel

1 Albert Schweitzer, Kultur und Ethik, Beck, München 1960, S. 291.

Liebe Frau Dr. Wenzel,

ich bin glücklich, daß Ihre Anthologie der Begegnungen mit meinem Vater Albert Schweitzer, die Sie in langjähriger Arbeit mit so viel Liebe zusammengestellt haben, nun veröffentlicht werden wird. Ich weiß, welche Freude Sie meinem Vater in den letzten Jahren seines Lebens mit Ihrem Manuskript gemacht haben. Ich bin Ihnen dankbar dafür wie auch für die Einhaltung seines Wunsches, daß diese Anthologie erst nach seinem Tode erscheinen soll. Sie wird nun dazu beitragen, sein Andenken lebendig zu erhalten und seine Ideen in den Herzen und dem Denken der Menschen weiterwirken zu lassen.
Mit den besten Wünschen für Ihr Buch und dem Ausdruck meiner tiefen Dankbarkeit

Atlanta-Ga. 18. 2. 71 — Rhena Schweitzer

... Wie schön, daß zum 100. Geburtstag meines Vaters die zweite Auflage dieser Anthologie erscheinen wird! Ich weiß, wie viele Menschen darauf gewartet haben und wie viele sich daran freuen werden.

Atlanta-Ga. 9. 4. 74 — Rhena Schweitzer

Inhaltsverzeichnis

Erica Anderson
geb. 1914 in Wien, lebt jetzt in Great Barrington/Massachusetts. Sie besuchte Albert Schweitzer viele Male in Lambarene begleitete ihn auf seinen Reisen und drehte zwei Dokumentarfilme über ihn. 1967 gründete sie das Albert-Schweitzer-Friendship-House in Gr. B./Mass., das sie zum Schweitzer-Zentrum in den USA ausbauen will.
1. Textteil aus „Die Welt Albert Schweitzers", Fischer, Frankfurt/M. 1955.
Den 2. und 3. Textteil schrieb Erica Anderson für die Anthologie.

Ein inneres Licht wurde angezündet

Albert Schweitzer sagt in seinem Buch „Aus meiner Kindheit und Jugendzeit": „Manchmal will unser Licht auslöschen und wird durch ein Erlebnis an einem Menschen wieder neu entfacht. So hat jeder von uns in tiefem Danke derer zu gedenken, die Flammen in ihm entzündet haben." – Solch ein inneres Licht wurde angezündet, als ich Albert Schweitzer traf.

*

Die Geschichte vom Albert-Schweitzer-Friendship-House beginnt vor vielen Jahren!
Seit 1950 kannte ich Dr. Schweitzer. Ich war nach Lambarene gereist, um von ihm die Erlaubnis zu erbitten, einen Film über sein Leben und seine Arbeit im Spital zu drehen, später, um eine Art „Freitag" zu werden: ihm bei seiner Korrespondenz zu helfen, Straßen mit ihm zu bauen, ihn im Jeep herumzufahren. In Europa begleitete ich ihn dann immer auf seinen Reisen zu Vorlesungen und Orgelkonzerten.
Wieder einmal war der Tag des Abschieds gekommen, und als er mit mir in der Piroge den Ogowe hinunterfuhr, fragte ich ihn: „Was wird aus dem Spital, mit den Kranken, den Helfern, mit uns allen, wenn Sie nicht mehr da sind? Wir werden verwaist sein, ich kann den Gedanken nicht zu Ende denken!" „Nie ist jemand zurückgekehrt", antwortete Dr. Schweitzer, „ich kann dich nicht trösten! Aber solange meine Gedanken leben, werde ich leben!" – Die kommenden Jahre sollten mich davon überzeugen!
Monate später – im August 1965 – hatte ich den 2. Dokumentarfilm über das Lebenswerk Dr. Schweitzers abgeschlossen. Da erreichte mich kurz vor meiner Abreise nach Lambarene in New York ein Brief von Dr. Schweitzers Tochter Rhena; sie teilte mir darin mit, daß ihr Vater ernsthaft erkrankt sei. Diese Nachricht ließ mich sofort aufbrechen, doch – ich kam zu spät! Am 4. 9. 1965 hatte Dr. Schweitzer die Augen für immer geschlossen. Die nun folgenden Wochen verbrachte ich in unbeschreiblicher Traurigkeit.

Die Erinnerung an seine Worte, seine Taten brachten nur wenig Trost. Rhena, die die Verwaltung übernommen hatte, ertrank fast in Arbeit; nur abends saßen wir zusammen, und unsere Gedanken wanderten gemeinsam in die Vergangenheit. „Was willst du nun machen? Wie sehen deine Pläne aus?" fragte sie mich. Ich konnte gar nichts sagen, die Zukunft sah so traurig aus. Nach einer Weile antwortete ich: „Eins ist mir klar: Ich muß die Arbeit deines Vaters fortsetzen. Aber das ist alles, was ich sagen kann. Wie, wo? – das weiß ich nicht! Seine Gedanken weiterzutragen, soll von jetzt ab der Zweck meines Lebens sein! Das ist mein Gelöbnis! Ich möchte die Idee der Ehrfurcht vor dem Leben den Menschen nahebringen, besonders den jungen, damit sie in ihren Herzen Wurzeln schlägt!" – Nur langsam konnte ich meine Arbeit wieder aufnehmen, Baumaterial zusammentragen, die Toten von Lambarene im Jeep zu ihrer letzten Ruhestätte fahren, Rhena helfen, unzählige Kondolenzbriefe beantworten.
Eines Abends erzählte ich ihr, daß mir vor Wochen eine Verehrerin ihres Vaters in Great Barrington ein Haus zum Kauf angeboten hatte, das sich vielleicht zu einer Stätte der Begegnung ausbauen ließe. Massachusetts hat viele Schulen! Die Bevölkerung ist geistig sehr aufgeschlossen! – An jenem Abend erhielt ich auch Post aus Amerika und – darunter war ein Brief aus Massachusetts. Er stammte von der Besitzerin des Hauses, sprach von der Trauer um Dr. Schweitzers Heimgang und schloß: „Wir warten auf Dich! Warum kommst Du nicht, um von jetzt ab in Massachusetts zu wohnen?" Sofort setzte ich mich mit ihr in Verbindung. Das Gebäude konnte mit Leichtigkeit in eine Stätte der Begegnung umgewandelt werden! – Ich flog zurück, kaufte es, und noch ehe der Umbau fertig war, wandte ich mich an Schulen und Colleges. Jetzt nahm die Arbeit am Albert-Schweitzer-Friendship-House – so wollte ich das Haus nennen – all meine Kräfte in Anspruch; aber die Arbeit wurde belohnt: Im Juni 1967 konnte ich Rhena darin den Dokumentarfilm „Das Lebenswerk Dr. Schweitzers" zeigen.
Seit Oktober 1967 ist das Friendship House ein anerkanntes Erziehungszentrum in Great Barrington. Mehr als 14000 Menschen kamen, sahen Filme, hörten Vorträge, beteiligten sich an Diskussionen. Sie lernten, daß in dem Gedanken von der Ehrfurcht vor dem Leben eine revolutionäre Kraft steckt. Sie fordert, daß wir unser Denken und damit unser Leben ändern. Dr. Schweitzer gab uns ein Beispiel! Wir können ihm folgen, wer wir auch sind, wo immer wir sind! Von unserem Denken und Handeln hängt es ab, ob wir den Frieden in der Welt sichern! In den vergangenen Jahren durfte ich erfahren, wie sehr die Menschen für Schweitzers Gedanken ansprechbar sind!
Ich zitiere gern Mary Louise O'Hara, die ihren Bericht „Man sollte der

Jugend dienen" in „Friends Journal" May 68, schließt: „Die Jugend ist angeekelt von Heuchelei und irregeführt durch Halbwahrheiten, sie sucht nach fundamentalen Werten in einer materialistischen Welt. Weshalb soll man ihrem durstenden Geist nicht das belebende Elixier der Ehrfurcht vor dem Leben geben?"
Dies ist die Geschichte vom Albert-Schweitzer-Friendship-House. Es wächst, so daß ich den Bau eines neuen Hauses plane. Albert-Schweitzer-Bücher in allen Sprachen – von ihm und über ihn –, Manuskripte, Negative, 37 000 Bilder, Filme, Schallplatten müssen untergebracht werden. Das Albert-Schweitzer-Friendship-House soll ein Bildungszentrum in den USA werden; von hier aus sollen sich die Gedanken Schweitzers ausbreiten. Mehr denn je muß seine Lehre gehört werden. Sie gibt uns das Gefühl der Verantwortung gegenüber anderen Menschen und hilft, Haß und Gewalt zu begegnen!

*

27. Juni 1971! Die Bibliothek wurde eingeweiht. Der 94jährige Pablo Casals, der weltberühmte Cellist, war im Flugzeug von Mexico nach Massachusetts gekommen, um an der Gedenkstunde für Albert Schweitzer teilzunehmen. Am Morgen sah er den Dokumentarfilm, am Nachmittag gab seine Gegenwart der Einweihungsfeier, zu der Schweitzers Tochter, prominente Vertreter von Great Barrington und Massachusetts erschienen waren, das eigentliche Fluidum. „Ich weiß kein besseres Geschenk für meinen alten Freund, als Bach zu spielen", sagte er mit schwacher Stimme, als er zum Flügel schritt. Aber ehe er das Spiel begann, wandte er sich nochmal zum Auditorium, und seine Stimme wurde plötzlich laut: „Dr. Schweitzers Werk wird die Jahrhunderte überdauern! Ich verdanke ihm meine Bewunderung für Bach, und immer, wenn ich Bach spiele, denke ich an ihn!" – Vorträge und gute Gespräche folgten. Sie bestärkten mich in meinem Entschluß, das Vermächtnis Albert Schweitzers weiterzugeben im Dienst am Frieden in der Welt!

Waldemar Augustiny
geb. 1897 in Schleswig, lebt jetzt als Schriftsteller in Worpswede. Er begleitete Albert Schweitzer 1954 nach Oslo.
Aus „Albert Schweitzer und Du", Luther, Witten/Ruhr 1955.

Kräfte praktischer Lebenshilfe

Ich besitze einen Freund, der auch Schweitzers Freund ist. Wir hatten uns viele Jahre nicht gesehen, und in dieser Zeit, wußte ich, hatte ein schweres Schicksal ihn gebeugt. Jetzt traf ich ihn wieder, und er kam mir entgegen, strahlend vor Heiterkeit und Gelassenheit. Was hatte ihn verwandelt? Er antwortete, ohne mich bekehren zu wollen: Die Begegnung mit Albert Schweitzer.
Meine Schwester hat lange hinter Stacheldraht gesessen, sie hat alle Erniedrigungen und die äußerste Bedrohung des Lebens erfahren. Sie sagte: Daß ich es ertrug und nicht nachgab, sondern leben wollte, bewirkte die Kraft, die Albert Schweitzer mir gab.
Sie sagte weiter: Ich glaube wieder an die Zukunft, obwohl ich die Schatten auch sehe; ich blicke der Jugend aller Länder mit Vertrauen in die Augen, weil Albert Schweitzer mich gelehrt hat, keine Bitterkeit und keine Müdigkeit in mir aufkommen zu lassen.
So die Erzählung meines Freundes. Als ich sie gehört hatte, beschäftigte ich mich mit dem Leben Albert Schweitzers, das durch vielerlei Dokumente ausgebreitet vor uns liegt. Ich befragte Menschen, die mit ihm gelebt haben, ich las die Bücher, die er geschrieben hat. Ich bin ihm dreimal persönlich begegnet.
Was ich bei alledem erfuhr, waren Überraschungen, war ein geistiges Abenteuer und am Ende mehr.
Die Welt sieht in ihm den großen Menschenfreund und glaubt, in dem Liebeswerk Lambarene seine eigentliche Leistung zu erkennen. Das ist zum mindesten einseitig. Er selbst hat einmal als reifer Mann den Sinn seines Lebens dargelegt: „So stehe ich und wirke in der Welt als einer, der die Menschen durch Denken innerlicher und besser machen will."
Je näher mir seine Gestalt kam, um so mehr begriff ich, was die Musik, die er ausübt, mit seinem theologischen und philosophischen Werk, was sein Buch über Bach mit seiner Tätigkeit als Urwaldarzt zu tun hat.
Ein gemeinsamer Sinn liegt dieser so vielseitigen Tätigkeit zugrunde: Schweitzer will mit dem, was er tut und denkt, seine Mitmenschen verän-

dern. Auch das Spital Lambarene, geschaffen, um den Elendesten der Elenden zu helfen, fügt sich nach dem Willen seines Schöpfers diesem Sinnzusammenhang ein; es soll uns, den europäischen Menschen, dienen als Licht in der Finsternis. Mit Albert Schweitzer ist unserer Zeit ein Erzieher geschenkt, sein Leben, sein praktisches Werk und seine Lehre sprechen eine Botschaft aus.

Wenn immer mehr Menschen sich als ethische Person begreifen und auswirken, dann entsteht eine öffentliche Meinung, die von ethischem Geist erfüllt ist. Eine solche öffentliche Meinung aber ist eine Macht; keine politische und keine gesellschaftliche Organisation kann sie übersehen.

Für sie zu leben und zu arbeiten, ruft uns Albert Schweitzer auf, jeden einzelnen, auch dich, gleich, welchen Platz du im Aufbau der Gesellschaft einnimmst. Einen Lohn wirst du mit Sicherheit gewinnen: Du wirst dieser Zeit zu begegnen lernen wie er, Albert Schweitzer, ihr begegnet, wohl mit Sorgen, niemand kann sie dir nehmen, dennoch mit Zuversicht und Kraft; du wirst erfahren, daß es eine Heiterkeit gibt, die unabhängig von äußeren Ereignissen ist, und einen Frieden, den keine irdische Macht versehrt.

Ich habe die Kräfte praktischer Lebenshilfe erfahren, die von der Erscheinung Albert Schweitzers ausgehen.

Guy Barthelémy
geb. 1926 in Fontainebleau. 1959 und 1960 war er als Journalist in Lambarene, heiratete die Holländerin Dr. med. Greet van der Kreek, damals Chirurgin im Spital, und gründete mit ihr 1960 ein Schweitzer-Dorf für Flüchtlinge und Notleidende in Paunat (Dordogne), jetzt ist es in Senez (Alpes de Haute Provence). G. B. schrieb den 1. Textteil für die Anthologie, der 2. Textteil stammt aus einem Brief vom 25. 10. 71 an die Herausgeberin der Anthologie.

Die gute Saat

Mein Aufenthalt in Lambarene hat mich davon überzeugt, daß man Schweitzers Gedanken unbestritten am besten begreifen kann, wenn man an seiner Seite monatelang auf den Bauplätzen des Spitals schwitzt.
Die einzige Art, ihn zu bewundern, ist die, so zu handeln wie er. Jeder hat an seiner Tür ein kleines Lambarene, und sei es ein Nachbar, der Hilfe braucht. Nur die Tat zählt! Schweitzer selbst ist mitten durch die Wirklichkeit gegangen, um das sich selbst gesteckte Ziel zu erreichen. Auch wir müssen die Welt sehen, wie sie ist. So beschloß ich mit meiner Frau, in Südfrankreich ein Schweitzer-Dorf zu gründen, in dem Flüchtlinge und Notleidende Unterkunft und Arbeit finden können.
Welche Freude schenkten wir Dr. Schweitzer, als wir ihn unseren Entschluß wissen ließen. In unserem Dorf soll die gute Saat aufgehen, und dies wird dann auch unser schönster Lohn sein.

Senez, den 25. Oktober 1971

... Unser Albert-Schweitzer-Dorf, 1960 in der Dordogne gegründet, hat in den letzten 9 Jahren mehr als 60 000 Menschen, die in Not waren, Obdach gegeben, besonders solchen, denen vom Staate nicht geholfen werden konnte.
Heute ist unser Dorf im Umzug nach Senez (Alpes de Haute Provence), wo Freunde uns ein Grundstück geschenkt haben. Wir versuchen, im täglichen Leben die Probleme der heutigen Zeit zu lösen in Verbindung mit dem Dienst für die Idee der Ehrfurcht vor dem Leben.
Dadurch möchten wir den Geist von Lambarene lebendig erhalten...

Hermann Baur
geb. 1911 in Basel, wo er heute als Internist tätig ist. Von 1957 bis 1968 war er Präsident des Schweizer Hilfsvereins für das Albert-Schweitzer-Spital in Lambarene. Seit 1968 wirkt er am geistigen Werk Schweitzers mit und hilft beim Aufbau des Günsbacher Archivs.
H. B. schrieb den Text für die Anthologie, gekürzt.

Ein vergessener Warner?

Noch nie war das Leben so weltweit bedroht wie heute. Es ist der Mensch, der alles Leben auf diesem Planeten gefährdet. Die Ausrede „Das ist nicht meine Sache" ist mehr als 3000 Jahre alt (1. Mose 4,9). Wir müssen sie von uns weisen, Verantwortung ist unbegrenzt.
Viele Beiträge dieser Schrift rufen das Bild Schweitzers vor seinem leiblichen Tod in Erinnerung. Seit 1965 aber sind wir Erben seines geistigen Werkes. Schweitzers großer Wunsch war, dereinst anonym zu wirken. Daher erübrigt sich die Klage darüber, daß seine wissenschaftlichen Bücher nicht mehr gefragt sind, daß er fast nie zitiert wird. In der Theologie sind die spätjüdische Eschatologie Jesu, die Naherwartung des Reiches und die Parusieverzögerung Selbstverständlichkeiten geworden unter der Bedingung, daß man den Namen Schweitzers verschweigt. Ehrfurcht vor dem Leben ist zum geflügelten Wort geworden, leider schon zum Schlagwort. Viele gebrauchen es, ohne danach zu fragen, wer diesen Gedanken ins Zentrum gestellt hat. Leider kennen die meisten aber auch nicht Begründung, Sinn und Tiefe dieser mystischen Ethik.
Wie war es zu Schweitzers Lebzeiten? – Während die einen ihn totschwiegen oder, in Unkenntnis seines geistigen Werkes, als Urwalddoktor karikierten, machten ihn andere zum „Heiligen" oder zum „größten Mann unseres Jahrhunderts".
Seine nächsten Freunde wissen, wie tödlich er sich durch „solche Super-Superlativen erniedrigt, gedemütigt, verletzt und gequält" fühlte. Seine Verehrer ahnten nicht, in welche moralische Verzweiflung sie ihn damit stürzten! Nun, einige Texte dieser Anthologie helfen mit, Legende und Verzeichnung zu korrigieren. –
Ein überhörter Warner? – Er steht seit Jeremias nicht allein. Es ist das Schicksal der Warner, daß man ihrer überdrüssig wird. Später versteht man sogar ihre altmodische Sprache nicht mehr. Und wenn die prophezeiten Katastrophen eingetroffen sind, im Falle Schweitzer die beiden Weltkriege? Hat dann der Warner versagt, oder waren die anderen „taub-

dumm"? Wer die Nöte erfahren will, welchen der Arzt am Ogowe damals die Schuld gab für unseren Kulturverfall, der lese die ersten 20 Seiten seiner Kulturphilosophie[1]. Zur steigenden Unfreiheit, Ungesammeltheit, Unselbständigkeit und Humanitätslosigkeit unserer Gesellschaft kommen aber heute noch die totale Selbstbedrohung des Menschen und das Sterben seiner Umwelt.

Schweitzer sieht das Ziel der Menschheit in der ethischen Vervollkommnung des einzelnen und der Gesellschaft. Dahin führt ein langer Weg. Ihn zu gehen, bedarf es einer treibenden Kraft. Als solche erkannte er die Idee der Ehrfurcht vor dem Leben; sie umfaßt Mitleid, Liebe und alles wertvoll Enthusiastische. Ist sie einmal in den Gedanken eines Menschen da, so läßt sie ihn nicht mehr los; sie arbeitet rastlos an seiner Gesinnung und wirft sie in die Unruhe einer unbegrenzten Verantwortlichkeit; sie treibt ihn an wie die Schraube das Schiff.

Anfangs zögerte Schweitzer auszusprechen, daß Ethik auf Ehrfurcht vor dem Leben beruht. Als er es dann doch tat, ging vielen Menschen diese schlichte Formel in Ohr und Herz, ohne daß sie den Namen des Urhebers kannten. Weshalb? – Das liegt z. T. an dem, was Schweitzer das Elementare nennt. (Es ist das, was schlechterdings da ist, was sich selbst meldet, was niemand erst beweisen muß[2]. Es entsteht in unmittelbarem Erleben und trägt den Drang zum Erlebtwerden in sich. Elementar ist z. B. die Frage nach dem Leben.) Zu ihm gehören Liebe, Dankbarkeit, Wahrhaftigkeit, Schuldgefühl, Freude, Trauer, Trauer über das Leid in unserer Welt[3]. Sie kommt bei diesem Denker aus der niederschmetternden Erfahrung der Sinnzwiespältigkeit alles Erkennbaren. Sie macht ihn zum Skeptiker an unserem Wissen von der Welt. Schon vor 50 Jahren wandte sich heftige Kritik gegen die Warnung aus dem Urwald, wir seien betrunken vom Wissen und vom Können und verkennten unser Ziel. Heute aber wissen wir alle, daß wir von Naturwissenschaft und Technik nicht nur Wohltaten erhoffen dürfen. Schon jetzt sind einzelne Naturwissenschaftler bereit, Konzessionen zu machen an die „andere Kultur" der Geisteswissenschaften. Sie fordern ein neues Gleichgewicht zwischen dem Wissen und den moralischen Kräften[4].

Schweitzers Gebot von der grenzenlosen Verantwortung gegenüber allem Leben muß sich heute denselben Vorwurf gefallen lassen wie die radikale Ethik Jesu: „Nie richten? Die Feinde lieben? Ehrfurcht vor *allem* Leben? – das ist beim besten Willen praktisch nicht erfüllbar! Wo bleibt die Rechtsprechung? Jedes tierische Leben muß töten, um selber zu leben. Notwehr zwingt mich zum Töten. Die Ehrfurcht vor dem Leben ist unzulänglich[5]." – Diese Kritik kennt Schweitzers Ehrfurcht vor dem Leben nur als Schlagwort, nicht aber als die Erkenntnis von der Zwiespältigkeit des sittlichen

Willens. „Sowie die Vernunft wahrhaft in die Tiefen der Fragen nach Gut und Böse geht, hört sie auf, kühle Vernunft zu sein, und fängt an, ob sie will oder nicht, mit den Tönen des Herzens zu reden[6]."

Es gibt Philosophen, die die Ehrfurcht vor dem all-einen Willen zum Leben, der in allenLebenserscheinungen derselbe ist, verneinen; denn sie lehnen es ab, daß Schweitzers Ethik keinen Unterschied machen will zwischen höherem und niederem, wertvollem und weniger wertvollem Leben[7]. Doch Schweitzers Forderung nach freier persönlicher Entscheidung verhält sich zur Gesetzlichkeit einer verpflichtenden Wertskala wie Feuer zu Wasser. Nach seiner Meinung darf die persönliche Entscheidung dem Menschen nicht abgenommen werden; eine neue Wertskala aber führt zwangsläufig zu einem neuen Dogma.

Schweitzers Ethik ist umfassend; sie ist Ethik der Selbstvervollkommnung, die das Motiv des dienenden Helfens enthält und weiß, daß das außermenschliche Leben genauso viel Achtung verdient wie das menschliche. Und der Friede? Die akademische Konflikt- und Friedensforschung soll sich mit den Möglichkeiten des Friedens beschäftigen. Aber schließlich hängt sein Kommen oder sein Ausbleiben doch von dem ab, was in der Gesinnung des einzelnen und damit in der Gesinnung der Völker zur Ausbildung kommt. Nur der Geist der Menschlichkeit vermag Frieden zu schaffen und zu erhalten. Darum müssen wir alle, die wir in Angst um den Frieden leben, dafür sorgen, daß diese Gesinnung in uns mächtig werde! Nicht mehr soll Leben gegen Leben sein, sondern Leben für Leben! Was tun? Der Name des Warners steht nicht mehr im Vordergrund; aber sein Geist wirkt im Verborgenen, seine Botschaft wirkt weiter! Es geht um Nachfolge, nicht um Nachsprechen!

1 vgl. R. Jungk, S. 48ff. dieser Schrift!
2 Willi Bremi, Schweizer Reform, Volksblatt, Basel 1971, S. 162.
3 ebenda
4 Georges Friedmann, La Puissance et la Sagesse, Gallimard, Paris 1970. Claude Lévi-Strauss, Paris, Roche-Symposion, Basel 1961.
5 Karl Jaspers, Die Atombombe, Piper, München 1960, S. 231, 479ff.
6 Albert Schweitzer, Straßburger Predigten, ed. U. Neuenschwander, München 1966, S. 120.
7 Mathilde Schröder, SRV 1971, S. 201.

Theodor Binder
geb. 1919 in Lörrach; Arzt. Er eröffnete 1960 das „Amazonas-Hospital Albert Schweitzer" im Urwaldosten von Peru. Es wurde zum ärztlichen, landwirtschaftlichen und sozialen Zentrum für die Shipibo- und Conibo-Indianer. 1972 wurde er aus seinem Lebenswerk verdrängt; es dient jetzt nicht mehr den Indianern und Armen, der Name Albert Schweitzer wurde von den neuen Leitern sofort eliminiert. Seit April 1973 ist er mit dem Aufbau des „Centro hospitalario y de assistencia agropecuaria y artesanal Albert Schweitzer" in Santa Ana Nichi beschäftigt. Es ist das Zentrum für ca. 45 000 Mazahua-Indianer in den Bergen von Zentral-Mexiko. 1959 weilte Th. B. in Lambarene.
Th. B. schrieb den Text für die Anthologie.

Albert Schweitzer, gestern und morgen – einige Fragen an seine Interpreten von heute

Am Anfang möchte ich über ein persönliches Erlebnis berichten.
Von Albert Schweitzer hörte ich in meinem Elternhaus von früher Kindheit an, und Bach-Musik – vorab die Kantaten und Choräle – gehörten zu der seelischen Nahrung, die für die spätere Entwicklung entscheidend war.
Als ich – damals 11jährig – erfuhr, daß der Musiker und Urwaldarzt Albert Schweitzer im nahen Basel ein Orgelkonzert geben werde und daß mich meine Eltern dorthin mitnehmen würden, kannten Vorfreude und Spannung keine Grenzen mehr.
Kein Ton entging mir, und der Klang der Orgel ließ mich erbeben vor Glück, und das Glücksgefühl wurde zum Gelöbnis, das eigene Leben so zu gestalten, daß es dieser Stunde würdig sei.
Nach dem Konzert hatte ich die Gelegenheit, mit Schweitzer zu sprechen. Nie vergesse ich das Verständnis, das der große alemannische Landsmann dem Buben entgegenbrachte, nie die Güte und Wärme seiner Augen, aber auch nicht die Trauer, die in ihrer Tiefe allgegenwärtig war. Ich ahnte davon, daß Wissen traurig macht.
Heute bin ich selber fast so alt wie Schweitzer damals, als ich ihm zum ersten Male begegnete. Ich bin vertraut mit seinem Lebenswerk – dem musikalischen, philosophischen, theologischen –, und ich lernte Lambarene kennen und diskutierte mit Schweitzer über Aspekte seines Denkens, die mir widerspruchsvoll erschienen (und bis heute noch so erscheinen). Ich erwähne hier nur einen davon: Schweitzer sprach von der „Ehrfurcht vor dem Leben" und vermutete, sie sei die erste Bewußtseinstat des Menschen. Obwohl ich dem, was der große Freund alles Lebendigen damit zum

Ausdruck bringen wollte, vom Gefühl her zustimme, finde ich kein stichhaltiges Argument für seine Hypothese. Das Wort von der „Ehrfurcht vor dem Leben" ist inzwischen zum Code-Wort einer (in einzelnen Vertretern menschlich sympathischen) Sekte geworden. Der Sache, nämlich der Erhaltung und Förderung des Lebendigen und der rationalen Begründung dieser Idee, schadet es nur wie jedes Dogma und jedes Sektierertum.
Die Philosophie hat kaum Kenntnis genommen von der großartig kritischen Überschau über den expliziten und potentiell ethischen Gehalt der großen Systeme und denkerischen Bemühungen vom Alten China über Griechenland bis zu Schopenhauer und Nietzsche, die Schweitzer in „Kultur und Ethik" vortrug. In dem umfangreichen Kommentar zur bedeutendsten modernen Übersetzung der Nikomachischen Ethik des Aristoteles z. B. wird sein Name überhaupt nicht genannt. Seine ausgezeichnete – leider nur skizzenhaft vorgetragene – Kritik am Hegelschen Philosophieren wird von heutigen Nachfahren Hegels, die Schweitzer aus ideologischen Gründen gern für sich in Anspruch nehmen, peinlich verschwiegen. Über Schweitzers gewichtigen und im einzelnen diskutablen Aussagen zu drängenden Problemen des weltpolitischen Geschehens vergißt man gern die unbequemen Thesen, die sein philosophisches Werk enthält und die mir fruchtbarer erscheinen als Seins-Beschwörungen, metaphysische Spekulationen oder pseudorationalistische Dogmatismen, die ihre Prämissen (meist mit klingenden Namen – vorab dem Hegels – verbunden) niemals kritisch befragen.
Noch trauriger steht es in der Theologie. Mit Ausnahme von Rudolf Grabs hat kein Theologe die Konsequenzen aus Schweitzers rationalistisch-theologischem Ansatz gezogen, Konsequenzen, vor denen Schweitzer selbst sich offenbar scheute, die aber für den aufmerksamen Leser seiner „Leben-Jesu-Forschung" auf der Hand liegen. Daß nach Schweitzer ein Rückfall ins theologische Mittelalter wie der, der an das Werk von Karl Barth gebunden ist, möglich war, kann den, der Schweitzers Anliegen ernst nimmt, nur mit Verwunderung erfüllen. Aber Overbeck, der ähnlich, aber konsequenter als Schweitzer dachte, ging auch dem Barthianismus voraus und wurde ebenfalls unbeachtet gelassen bzw. totgeschwiegen. Schließlich gingen die Theologen, die – angeblich – von Schweitzer ausgingen, statt nach vorwärts weit hinter die Positionen zurück, die Schweitzer erreicht hatte. Was wäre freilich aus einer Theologie geworden, die Schweitzers Weg konsequent – kritisch und selbstkritisch – weitergegangen wäre? Eine Frage, über die nachzudenken sich lohnt.
Schweitzers Denken ist bis heute nicht in den Bereichen fruchtbar geworden, auf denen es die entscheidendsten Anregungen zu geben hat.
Ich wünsche Dr. Schweitzer zu seinem 100. Geburtstag, daß er im Zeichen

neuer Lebendigkeit, d. h., neuer kritischer Auseinandersetzung stehen möge! Die Weiterführung der wegweisenden Gedanken des Rationalisten und Liebenden alles Lebendigen soll zu unseren vornehmsten Aufgaben gehören!

Martin Buber
geb. 1878 in Wien. Er war Professor für Sozialphilosophie in Jerusalem und starb dort 1965. In Königsfeld begegnete er Albert Schweitzer.
Aus „Ehrfurcht vor dem Leben – Albert Schweitzer – eine Freundesgabe zu seinem 80. Geburtstag", Haupt, Bern 1954.

Ein Realist des Geistes

Als ich 1905 hörte, der Privatdozent der Theologie, Albert Schweitzer, habe angefangen, Medizin zu studieren, merkte ich auf, und als ich acht Jahre später hörte, er sei nach dem Kongo gegangen, nicht als Missionar, sondern als Arzt, um schlimme Krankheit zu bekämpfen, von der die Eingeborenen heimgesucht waren, nahm der Vorgang für mich einen geradezu symbolischen Charakter an. Ich hatte Schweitzer 1901 oder 1902 durch eine Abhandlung über das Abendmahlsgeheimnis kennengelernt, die mir einen tiefen Eindruck machte, weil sie Jesus mit Mysterien des jüdischen Glaubens in nahe Verbindung brachte. Ich nannte Schweitzer schon damals einen theologischen Realisten, weil er die Erscheinung des Geistes im Zusammenhang der besonderen Glaubenswirklichkeiten sah, in die sie eingetreten waren. Jetzt, mit dem Medizinstudium und der Übersiedlung nach Lambarene, dokumentierte er sich auch in seinem Leben als ein Realist des Geistes. Für den Realisten, den ich meine, sind die Menschen nicht fundamental so in Leib und Seele geschieden, daß er, wenn er ihnen helfen will, ausschließlich der Seele Beachtung schenken dürfte, wo ihm schweres leibliches Leiden entgegentritt.
Wenn man einen Arzt wie diesen, einen, der von Haus aus Theologe ist und bestimmt, auf Lebzeit Theologe zu bleiben, fragt: „Mußt du denn nicht zunächst dich um die Seele kümmern?" antwortet er: „Eher als der Leib versteht die Seele zu warten." Und er bleibt ja damit in der Nachfolge seines Meisters, der gewiß nicht bloß, um Zeichen zu geben, immer wieder mit der Heilung leiblicher Gebrechen begann.
Solcher Art war Schweitzers Wirken in der Sphäre der Betätigung des Geistes im Leben.
Mit alledem aber war auch dies verbunden, daß die führende Idee in Schweitzers Philosophie die Ehrfurcht vor dem Menschenleben wurde. Dieser Begriff verweist uns wieder auf die leibseelische Ganzheit des einzelnen lebendigen Menschen als auf das tätig zu Ehrende und zu Fördernde. Nicht bloß die ethischen, auch die politischen Fragen wären ver-

fehlt, wenn man sie unabhängig von der ungeheuren Realität des Lebens und Sterbens meint behandeln zu dürfen.
Auch Schweitzers Verhältnis als Forscher und Interpret zu Bach, dem großen Realisten des gläubigen Geistes, ist in seinem Wesen von hier aus zu erfassen.
Uns, vor deren Augen so wie wohl in keiner früheren Zeit Geist und Leben auseinandergeraten sind, ist es ein starker Trost und Zuspruch, daß es diesen Mann gibt, in dem sich ihr schöpfungsmäßiges Beisammensein bekundet und bewährt.

Carl Jacob Burckhardt
geb. 1891 in Basel, ord. Prof. f. neuere Geschichte in Genf, Honorarprof. d. Universität Zürich, Hochkommissar des Völkerbundes, Schweizerischer Gesandter in Frankreich, Präsident des Internationalen Komitees vom Roten Kreuz, Träger des Ordens „Pour le Mérite"; erhielt 1954 den Friedenspreis des deutschen Buchhandels, gest. 1974 in Genf. B. begegnete Albert Schweitzer 1951 in Frankfurt, als diesem der Friedenspreis des deutschen Buchhandels überreicht wurde.
Aus „Albert Schweitzer, sein Denken und sein Weg", J. C. B. Mohr, Tübingen 1962.

Ein Beispiel für die Jugend

Wie viele gibt es, die lebenslang vorsichtig an ihrem eigenen Standbild arbeiten. Sie müssen sich dem wechselnden Geschmack anpassen, immer bestrebt, ihre Absicht, um jeden Preis zu gefallen, hinter Hüllen der Bescheidenheit zu verbergen. Sie sind groß in der Kunst, sich Menschen zu verpflichten, Zeitgenossen, die dann als Chronisten Zeugnis für sie ablegen.
Andere, wenige, diejenigen, auf die es wirklich ankommt, korrigieren die Mäander der Fortuna nicht. Sie verwirklichen sich in Leistung und Tat. Was sie leitet, ist nicht der Wille zur Unanfechtbarkeit; ihr leitendes Lebensprinzip ist die Liebe zur Sache, die Liebe schlechthin. Zu diesen letzteren gehört Albert Schweitzer. Ob er den größten selbstlosen aller Ordner und Dombauer, Johann Sebastian Bach, an der Orgel zum ewig neuen Ausdruck bringt, ob er Leprakranke im tropischen Urwald behandelt, bis ins hohe Alter hinein vor der übernommenen Aufgabe aushält, ob er den Kampf aufnimmt gegen die selbstzerstörerischen Folgen des technischen Rausches, dem seine Zeitgenossen sich hingegeben, oder ob er stetig von Jahr zu Jahr den Menschen seine ewig gültige Wahrheitslehre verkündet, immer steht er im Dienste des Mitmenschen.
In einer Welt des Scheins und der Mißverständnisse gibt es hin und wieder Vertrauen schenkende Zeichen, an denen wir erkennen können, daß die Wahrheit zu ihrem Recht kommt. Zu diesen Zeichen gehört die Tatsache, daß Männer wie Albert Schweitzer von den Mitlebenden geehrt werden. Nach den großen Katastrophen dieses Jahrhunderts war weitgehend der Respekt vor den Vorbildern zerstört, zu viele Fälschungen waren uns angeboten worden. Schweitzer hat Zuversicht und Vertrauen wiederhergestellt. Ohne jeden Versuch der Überredung fordert sein Beispiel die Jugend zur Nachfolge auf.

Pablo Casals
geb. 1876 in Vendrell/Katalonien, gest. 1973 auf Puerto Rico. Er begegnete Albert Schweitzer 1934 in Edinburgh. 1971 erhielt Casals den Friedenspreis der Vereinten Nationen.
Aus ,,Gespräche mit Casals", Scherz, Bern 1954.

Begegnung in Edinburgh

Es war im Jahre 1934. Der Titel Ehrendoktor wurde gleichzeitig Albert Schweitzer und mir verliehen, und bei dieser Gelegenheit lernte ich den wunderbaren Mann persönlich kennen. Er hatte schon vor langer Zeit sein Buch über Bach veröffentlicht, und meine ,,poetische" Auffassung des großen Meisters ging der seinen ganz paraellel. Schon vor unserer Begegnung in Edinburgh hatte ich die größte und tiefste Bewunderung für Dr. Schweitzer empfunden, der uns alle die Tugend der Aufopferung gelehrt hat.
Bei Gelegenheit der Universitätsfeiern fanden in Edinburgh mehrere öffentliche und private Konzerte statt, und Dr. Schweitzer zeigte sich von meiner Bach-Interpretation begeistert. Am letzten Tage bat er mich, noch etwas zu bleiben; aber ich hatte andere Verpflichtungen und mußte abreisen. Nach dem letzten Konzert verließ ich ganz allein das Haus. Da hörte ich hinter mir das Geräusch eiliger Schritte. Ich wandte mich um, es war Schweitzer. Er stellte sich vor mich hin und sagte: ,,Hör zu! Wenn du schon abreisen mußt, so sage mir wenigsten du, ehe wir uns trennen!" – In den wenigen Worten, die ich ihm sagte, duzte ich ihn. Dann umarmten wir uns, der eine ebenso gerührt wie der andere.
Meine Freundschaft und Bewunderung für Schweitzer sind von Tag zu Tag größer geworden. Noch vor kurzer Zeit, im Herbst 1951, hatte Schweitzer die Freundlichkeit, mich in der Schweiz zu besuchen, als ich in Zürich das Festkonzert zu meinem 75. Geburtstag dirigierte.
Albert Einstein sieht in Albert Schweitzer den bedeutendsten Menschen unserer Zeit.
Ich auch. Trotz der traurigen Dinge, die sich ereignet haben, genügt es, daran zu denken, daß ein Mann wie Schweitzer da ist, und man schöpft wieder Hoffnung.

Gilbert Cesbron
geb. 1913 in Paris, wo er heute noch als Schriftsteller lebt. Er begegnete Albert Schweitzer viele Male. Bekannt sind Theaterstück und Film „Il est minuit, Dr. Schweitzer".
Aus „Unser Jahrhundert ruft um Hilfe", Dreibrücken, Heidelberg 1956.

Ein „überholtes" Vorbild?

Ist der alte Mann mit den derben Schnürstiefeln, dem Knoten der schwarzen Krawatte und der Hose ohne Bügelfalte für uns etwa ein „überholtes" Vorbild?
Nein, heute wird es ihnen nicht gelingen, uns das einzureden!
Ich begleite ihn in ein großes Kaufhaus. Er ist mir ständig einen Schritt voraus. Leicht überrascht schaut der höfliche Geschäftsführer auf, den dieser schwarzberockte alte Mann fragt: „Kolonialgerätschaften, bitte – wo?" Diensteifrig strahlt der Leiter dieser nicht allzu häufig besuchten Abteilung. Der Doktor prüft Feldbetten und Klapptische, jeden einzeln, einen nach dem andern „als ob's Kranke wären; und alle leiden am selben Übel: alles Massenware, Schund. „Sie halten schon einen kräftigen Stoß aus!" versichert der Verkäufer, der in südlicher Richtung vermutlich nie über Fontainebleau hinausgekommen ist. Um ihn nicht zu kränken, wartet der Doktor, bis jener uns den Rücken zuwendet. „Ich werde sie selber verstärken", flüstert er mir zu und macht dazu die Bewegung eines Handarbeiters. Dann schreibt er geduldig – er selber – auf die fünf oder sechs Etiketten: Albert Schweitzer, Lambarene, Gabon – Albert Schweitzer, Lambarene, Gabon – Albert Schweitzer, Lambarene, Gabon... Der Verkäufer liest diese Adresse, die mehr als die halbe Welt auswendig kennt (und die genauso berühmt bleiben wird wie Charles Foucauld, Tamanrasset oder Victor Hugo, Guernsey) und fragt dann: „Ist der Herr Farmer oder Verwaltungsbeamter?" – „Arzt", antwortet Albert Schweitzer ganz schlicht und bescheiden und schreibt weiter. –
Schweitzer ist nicht fähig, nein zu sagen, nicht fähig, einen Besucher abzuweisen, nicht fähig, einen Brief ohne Antwort zu lassen. Und das kommt daher, daß er in jedem Menschen jenes Besondere sieht und sucht, während jener andere meistens selber nicht mehr weiß, daß er es ist: ein Kind Gottes.
Jene, die ihr Leben allzu beflissen gegen alles Beschwerliche und Störende abriegeln, laufen Gefahr, daß sie auch das Unerwartete ausschlie-

ßen ... Menschen, die sich gegen jede freie Begegnung verschlossen zeigen, sind sehr leicht zu erkennen an einem eigenartigen Zug des Fliehenden in ihrem gesamten Wesen. Sie sind selber die Bankiers ihrer Zeit, die keinerlei Risiko eingehen wollen und auch keinen Kredit gewähren – und gerade sie werden Bankrott machen.
Umgekehrt aber wäre ein großes Leben, das ganz und gar verzettelt würde, ein erbarmungswürdiger und erschütternder Anblick. Der Dr. Schweitzer kann sich deshalb nur selber die Treue halten, weil um ihn her andere auf Wache ziehen.

Albert Einstein
geb. 1879 in Ulm, Prof. f. theor. Physik, gest. 1955 in Princetown/USA; erhielt 1921 den Nobelpreis f. Physik.
Aus „Ehrfurcht vor dem Leben – Albert Schweitzer – eine Freundesgabe zu seinem 80. Geburtstag", Haupt, Bern 1954.

Schlichte Größe

Kaum je habe ich einen Menschen gefunden, in dem Güte und Sehnsucht nach Schönheit so ideal vereinigt sind wie bei Albert Schweitzer. Besonders eindrücklich wird dies bei jemandem, der mit so kräftiger Gesundheit gesegnet ist. Er freut sich, seine Arme und Hände zu brauchen, um das zu verwirklichen, was seiner Natur entspricht. Diese große Gesundheit, die nach unmittelbarer Handlung verlangt, hat ihn ja vor dem Erlahmen in pessimistischer Resignation abgehalten, in die ihn seine moralische Empfindsamkeit hätte führen können. So gelang es ihm, trotz aller Enttäuschungen, mit der unsere Zeit jeden empfindsamen Menschen belastet, sich sein freudvolles, lebensbejahendes Wesen zu bewahren.
Er liebt die Schönheit nicht nur an den Künsten allein, sondern auch im Reiche des Geistes, ohne aber durch Sophistereien beeindruckt zu werden. Ein sicherer Instinkt hilft ihm, sich Festigkeit dem Leben gegenüber und Unmittelbarkeit in jedem zu erhalten. Gefühllose und kalte Art flieht er überall. Er kämpft dagegen an, wenn immer er für einen Menschen die Aussicht, ihr erfolgreich zu begegnen, sieht. Deutlich spürt man dies noch in seinem klassischen Werk über Bach, wo er die Unreinheit und Maniriertheit enthüllt, womit die „Zukünftigen" die Schöpfungen des geliebten Meisters verdunkeln und ihren unmittelbaren und elementaren Eindruck beeinträchtigt haben.
Es scheint mir, daß das Werk in Lambarene zu einem bedeutsamen Teil Flucht vor unserer moralisch versteinerten und seelenlosen Kulturtradition gewesen ist – ein Übel, demgegenüber der einzelne machtlos ist. Nicht gepredigt und gewarnt hat er und nicht geträumt davon, daß sein Beispiel Vorbild und Trost für Unzählige werde. Einfach aus innerer Notwendigkeit heraus hat er gehandelt. Am Ende muß doch ein unzerstörbarer, guter Kern in vielen Menschen sein, sonst hätten sie nie seine schlichte Größe erkannt.

Ludwig Eduard Ellerbrock
geb. 1903 in Hamburg, wanderte 1924 nach Amerika aus und gründete 1951 „Fellowship for Schweitzer" in Kalifornien. Er nahm am Schweitzer-Kongreß in Chicago und am Schweitzer-Treffen in Aspen/Colorado teil. 1961 und 1965 besuchte er Dr. Schweitzer in Lambarene. Seit 1967 weilt er dort als freiwilliger Administrationsgehilfe, dreisprachiger Korrespondent und Kurator.
Aus: „Lambarene Bericht" Nr. 1, Juni 1972.

Ein neues Lambarene

Schon seit langem wünscht die Regierung von Gabon ein Rehabilitationszentrum, und nirgends wäre es besser gelegen als dort, wo einst Dr. Schweitzer mit dem Gelde des Friedensnobelpreises sein neues großes Lepradorf in Lambarene baute.
In Gabon leben heute ungefähr 25 000 Leprakranke. Sehr viele von ihnen brauchen dringend chirurgische Hilfe, eine besondere Physiotherapie und eine tatkräftige Rehabilitation, damit sie als vollwertige und arbeitsfähige Menschen wieder in die Dorfgemeinschaft zurückkehren können. Ein Schuhmacher soll die Kranken unterrichten, wie sie sich selbst Schuhe nach Maß herstellen können, damit neue Schäden an den Füßen verhindert werden können.
Wenn auch die Haupttätigkeit des Rehabilitationszentrums künftig den Leprösen gewidmet sein soll, so wird es doch ebenfalls als orthopädisch-traumatologisches Spital allen Kindern mit dauernden Geburtsschäden, Menschen, die durch Kinderlähmung geschädigt wurden, Tuberkulosekranken und Opfern von Verkehrs- und Arbeitsunfällen offenstehen.
Das Projekt findet Befürwortung und Unterstützung durch den Präsidenten von Gabon und seine Regierung. Es soll ein würdiges Denkmal werden für das Werk Albert Schweitzers und sein Lambarene befähigen, dem von ihm erwählten afrikanischen Volk dort zu helfen, wo es jetzt am notwendigsten ist.
Wir glauben aufrichtig, daß der Grand Docteur, wäre er heute noch am Leben und jung an Jahren, ebenfalls sich beherzt dazu entschlossen hätte, wieder einmal zu bauen, ein viertes Mal!
In den meisten Ländern der Welt haben bereits große Werbeaktionen begonnen, um in den nächsten Jahren – noch vor der Hunderjahrfeier von Schweitzers Geburtstag 1975 – die nötigen Geldmittel zusammenzubringen.
Wenn heute auch einige der von Dr. Schweitzer geschaffenen Traditionen

nicht mehr im Spital befolgt werden, der Geist des großen Humanisten, seine ethischen Gedanken und sein eigenes Beispiel des demütigen Dienens in der „Brüderschaft der vom Schmerz Gezeichneten" werden immer das Ideal für Lambarene bleiben.
Die Stätte, wo er seiner Idee der Ehrfurcht vor dem Leben Gestalt gab, soll und muß erhalten bleiben.

Jacques Feschotte
geb. 1894 in Meaux, gest. 1967 in Paris. Er wirkte zuletzt als Schriftsteller, Musikkritiker und Generaldirektor der „École Normale de Musique". F. war Vizepräsident des Albert Schweitzer-Freundeskreises in Paris.
Aus „Das Leben Albert Schweitzers" in „Albert Schweitzer, Genie der Menschlichkeit", Fischer, Frankfurt/M. 1955.

Im Haus über der Straße nach Münster

Da sind wir nun wieder in dem Haus über der Straße nach Münster; langsam wird es dunkel. Wir haben mit Frau Schweitzer gespeist; den Kaffee trinken wir mit Frau Martin neben dem großen Schreibtisch. Neuigkeiten über Paris, Straßburg und Bayreuth werden ausgetauscht. Eine Pfadfindergruppe, die erschienen ist, Schweitzer zu begrüßen, hat ihre Zelte im Obstgarten aufgeschlagen. Ein starker Duft überströmt uns von den Feldern und dem Ackerboden her, die noch durchglüht sind von der unbarmherzigen Sonne eines ganzen Tages.
Schweitzer skizziert mir seine hauptsächlichsten Pläne „bis November". „Wie", sage ich, „du willst nicht den Winter über in Europa bleiben?" „Man braucht mich da unten!" „Wir brauchen dich hier ebenso sehr." Er antwortet nicht, sein Entscheid steht fest. Übrigens wirkt seine Gestalt so aufrecht wie stets, eher noch gerader als im letzten Jahr; niemand käme darauf, daß er im kommenden Januar achtundsiebzig Jahre alt wird.
Seine Pläne sehen so aus: Zuerst kommt die Orgel an die Reihe; in drei Wochen sollen Schallplattenaufnahmen beginnen. Mit Nies-Berger, der von New York herüberkommt, ist die Bach-Ausgabe fertigzumachen. Die Rede für das Institut de France muß vorbereitet werden. Unumgängliche Reisen sind zu unternehmen, vor allem nach Frankfurt zu Goethes Geburtstag. Dazu die sich häufenden medizinischen Probleme und vor allem das Hauptgeschäft: die Vollendung jenes Werkes, auf das wir mit fieberhafter Spannung warten. Zu all dem gesellen sich noch die hundert und aberhundert Besuche: teils erwünscht und angemeldet, teils unerwartet und manchmal auch ungelegen. Wie sie eindämmen, wie vermeiden, daß soviel kostbare Stunden mit Beschlag belegt werden? Unmerklich bewegt Schweitzer die breiten Schultern, die keine Last hat beugen können. Er sagt: In Lambarene hat eben die Abendglocke geläutet ... Bei ihm sind ja Geist und Gemüt stets geteilt zwischen den beiden Weltgegenden, die ihm Heimat bedeuten: dem Geburtsland Elsaß und dem kleinen Privatstaat, den er in Gabon gegründet hat. Nur in dem Auftrag, den er der ganzen Welt

gegenüber in sich spürt und mit leidenschaftlicher Hingabe erfüllt, fallen beide wieder zusammen.
Ich erzähle ihm von diesem Buch, das ich über ihn schreiben soll. Er antwortet in herzlichem Ton – und das ist für mich die schönste Anerkennung –: Wenn du es tust, dann bin ich bestimmt nicht verraten... Eine Stunde später entwerfe ich in der Stille meines Zimmers die ersten Notizen zu meiner Arbeit; unter dem gleichen Dach mit ihm, der, über die aufgeschlagenen Seiten seines Manuskriptes gebeugt, mit seiner feinen, noch immer unveränderlichen Schrift unaufhörlich weiterarbeitet. „Wie lange willst du denn noch so arbeiten?" fragte ihn Frau Schweitzer kürzlich. „Bis zu meinem letzten Atemzug", antwortete er mit seiner tiefen, volltönenden Stimme. Was hätte er sonst wohl auch sagen sollen?

Frederick Franck
geb. 1909 in Maastricht/Holland, lebt heute als Arzt und Zahnarzt in New York. 1958/59/60 war er als Vertreter der Medical Company Organisation, der Albert Schweitzer als Ehrenpräsident vorstand, in Lambarene, half dort den Kranken und sammelte Stoff für seine Zeichnungen, Lithographien und Bücher.
Aus „Days with Albert Schweitzer", Davis, London 1959.

Schweitzer ohne Heiligenschein

Am zweiten Tag meines Aufenthaltes im Sommer 1958 erzählte ich Dr. Schweitzer, daß ich einer seiner Hörer gewesen war, als er 1936 die Gifford-Vorlesungen an der Universität Edinburgh hielt. Das schien ihm zu gefallen. Drei Wochen später erwähnte er etwas, das er während dieser Vorlesungen gesagt hatte. „Erinnerst du dich nicht?" sagte er. „Du müßtest dich eigentlich erinnern, du warst ja schließlich dort!"
Manche Leute sagen, Schweitzer ist ein Heiliger. Das kann gut sein. Aber bis jetzt habe ich so wenig persönliche Erfahrung mit Heiligen, daß mir jedwede Zuständigkeit über diese Frage fehlt. Aber ganz sicher ist Schweitzers Gedächtnis eine Verbesserung gegenüber dem elektronischen Computer. Er erinnert sich nicht nur Wort für Wort an die Vorlesungen aus seiner Studentenzeit, an unzählige Tatsachen und Anekdoten, er erinnert sich auch – mit 84 – an eine Einzelheit, die man beiläufig in einer Unterhaltung vor drei Wochen erwähnt hat. Ob es in Medizin oder Politik, in Theologie oder Musik, in Metallurgie oder Pharmakologie ist, wenn Schweitzer eine Tatsache auf irgendeinem Gebiet weiß, so weiß er sie genau. Wenn man über Kaffeekulturen spricht, fragt er: „Was für Kaffee?" und erwähnt drei botanische Arten. Dann wird man davon in Kenntnis gesetzt, woher diese Art kommt und zwischen welchen Höhenlagen sie wächst und nicht wächst.
Ehe man den Mund auftut, hat er einen schon bei einem Fehler ertappt. Er ist nicht pedantisch; aber er versteht einfach nicht, daß anderer Leute Hirne nicht so klar, nicht so systematisch denken wie sein Hirn. Natürlich erinnerte ich mich nur sehr dunkel an das, was er 1936 in Edinburgh gesagt hatte, und ich gab dies zu. Ich sagte: „Tatsächlich, ich erinnere mich nur, daß Ihr Haar und Ihr Schnurrbart damals noch ganz schwarz waren und daß Sie einen Prinz Albert-Rock trugen."
„Natürlich", sagte Schweitzer, „bei offiziellen Anlässen trage ich ihn immer."

„Der Prinz Albert wird nicht mehr sehr häufig getragen", sagte ich so nebenbei.
„Das ist schade", erwiderte Schweitzer, „er ist ein so praktisches Kleidungsstück. Ich hatte mir meinen machen lassen, als ich vor dem König von Spanien in Barcelona Orgel spielen mußte."
„Wann war denn das?" fragte ich. Er dachte einen Augenblick nach.
„1905, ja – 1905. Oder war es 1906? Nein, nein, es war 1905. Ich erinnere mich sehr gut; denn ich sagte zu meinem Freund, dem Schneider in Günsbach: ‚Du mußt mir einen Gehrock machen; denn ich muß vor dem König in Spanien spielen.' Er fiel aus allen Wolken. ‚Du meinst im Ernst, Albert, ich muß den Gehrock machen, in dem du vor einem König spielen willst?' Dann sagte er mit sorgenvollem Gesicht: ‚Ich will mein Möglichstes tun.' Es wurde wirklich ein schöner Gehrock; solide war er gemacht, und ich habe ihn immer zu allen großen Gelegenheiten getragen. Natürlich habe ich ihn nicht hier, so daß ich ihn dir nicht zeigen kann; in Afrika wird er ja nicht gebraucht. Ich bewahre ihn in Günsbach auf. Aber ich trug ihn, als ich Theodor Heuss, den jetzigen Präsidenten von Westdeutschland, 1908 in St. Nikolai in Straßburg traute, als ich dort Pfarrer war. Natürlich trug ich ihn auch, als ich in Edinburgh Vorlesungen hielt, als ich den Goethe-Preis bekam, als ich den Nobel-Preis erhielt und als die Königin von England mir einen Orden verlieh. Und Theodor Heuss sagte, als er ihn das letzte Mal sah: ‚Schau mal, Albert, du siehst wirklich elegant aus. Du mußt in Günsbach einen sehr guten Schneider haben.'"
Hier unterbrach ich ihn: „Sie wollen damit sagen, daß Sie noch den gleichen Gehrock tragen?"
„Natürlich", er strahlte über das ganze Gesicht, „das Ding taugt noch für 200 Jahre."
Für mich ist dies der treffendste Bericht über den Menschen Albert Schweitzer.

Elisabeth Furtwängler
geb. 1910 in Wiesbaden, lebt jetzt in Clarens/Schweiz; Gattin des großen Dirigenten Wilhelm Furtwängler.
Text aus einem Brief vom 14. 10. 72 an die Herausgeberin der Anthologie.

Eine stille Freundschaft

Ich erinnere mich wohl, daß mein Mann mir erzählte, er habe Schweitzer im Hause Curtius 1908/09 in Straßburg, wo er damals 3. Kapellmeister am Theater war, kennengelernt. Sie faßten Zuneigung zueinander, und so selten sie sich in späteren Jahren auch sehen durften, so wurde aus dieser Zuneigung doch eine stille Freundschaft, die bis zum Tode meines Mannes währte. Beide wußten voneinander, daß einer das Wirken des anderen mit Teilnahme verfolgte, und dieses Verstehen ohne Worte erlebten sie als etwas Schönes. In Zürich begegneten sie sich Ende der 30er Jahre, in einer Zeit, als Furtwängler Anfeindungen der damaligen Machthaber ausgesetzt war. Damals sprach er wohl den Wunsch aus, Schweitzer, der ihn in seiner Kunst und in seinen menschlichen Konflikten so ganz verstand, möge die Grabrede halten, wenn er früher heimgehen sollte. Schweitzer versprach es, konnte aber den Wunsch nicht erfüllen, da er 1954 beim Tode meines Mannes kurz vor seiner vorletzten Abreise nach Afrika stand. In einem Briefe an die Trauerfamilie teilte er sein Bedauern mit: „Still wie unsere Freundschaft muß nun auch meine Trauer für ihn bleiben." Zu Schweitzers Wirken in Afrika äußerte sich Furtwängler häufig so: „Nun hilft er Schwarzen in Afrika, und wir hätten einen Albert Schweitzer so bitter nötig in Europa; aber er wird schon wissen, warum."

Rudolf Grabs
geb. 1900 in Dresden/Blasewitz, Dr. theol.; lebt jetzt in Dresden. Er ist Biograph Albert Schweitzers und ein Interpret seiner Ethik und Theologie. Er begegnete Schweitzer bei dessen Rückkehr aus Olso 1954.
R. G. schrieb den Text für die Anthologie, gekürzt.

Zeugnis und Begegnung

1950 war das Jahr, zu dessen Beginn Schweitzer sein 75. Lebensjahr vollendete; aber dies Kalenderdatum hatte doch nur bedingt Bedeutung. Es war vielmehr so, daß der Zusammenbruch mit seiner erdrückenden Fülle von Leid und Elend unvorstellbaren Ausmaßes doch auch sehr stark eine seelische und geistige Katastrophe im Gefolge hatte. Nachdem die Truggötzen zerschlagen waren, erschien vielen ein inneres Überleben nur möglich, wenn neue und andererseits menschheitlich bewährte sittliche Ziele glaubwürdig verkündet wurden. Diesen Dienst verrichtete das Losungswort der Lebenslehre Albert Schweitzers „Ehrfurcht vor dem Leben". Der besondere Zauber dieses seitdem manchmal sogar profanierten Wortes lag darin, daß diese Botschaft sich wohl packend, verpflichtend und verständlich an alle Aufnahmewilligen wandte, zugleich aber mit einer Gestalt verbunden war, deren Lauterkeit, mannigfach erwiesene Genialität und harte Schaffensfülle zu ihr aufblicken ließen.
Wer an den 14. Januar 1950 mit seiner Fülle der Schweitzer-Ehrungen in den Buchauslagen, den Zeitungsaufsätzen und Zeitschriftenartikeln in Europa und Amerika samt den Rundfunksendungen zurückdenkt, konnte wohl schon damals nachdenklich sein, ob diese Begeisterung durchgängig echt sei. Die Folgezeit hat erwiesen, wieviel davon Wellengekräusel der Oberfläche war. Und doch kamen dadurch viele zu einem tieferen Erfassen, und die mannigfachen Hinweise wurden ihnen zur Lebenshilfe.
Seitdem Schweitzer sich gegen den atomaren Rüstungswahnsinn wandte, hatte er ja offen und getarnt heftige Angriffe erfahren. Als Motto zum 8. Kapitel meines Buches „Dienst am Menschen" wurde ein Satz der Biographie Dietmar Schmidts über Martin Niemöller gewählt: „Man wird schließlich versuchen, ihn unmöglich zu machen, indem man ihn auf die Narrenbank der Schwärmer und Phantasten schiebt... Wenn Rilke recht damit hat, daß Ruhm der Inbegriff aller Mißverständnisse um einen Namen ist – was könnte deutlicher für die Wahrheit dieses Satzes sprechen als die Summe dieses Lebens!"
Aber da meine Lebensbegegnung mit Albert Schweitzer nicht nur im

geistigen und menschlichen Zeugnis *für* ihn besteht und auch nicht im Briefwechsel – zumeist nach und von Lambarene her – sich erschöpft, sei von einer Begegnung gesprochen, die nach einem bemerkenswerten Ereignis seines Lebens sich zutrug, der Verleihung des Friedensnobelpreises in Oslo. Die Stunden unseres Zusammenseins unterstrichen mir die Beobachtung anderer, daß Schweitzer ein Mensch ist mit der starken Fähigkeit, seine Aufmerksamkeit sowohl den weltweiten Fragen als auch den geringsten Kleinigkeiten zuzuwenden, und zwar stets mit demselben Streben nach Vollkommenheit. Es ist eins der wichtigsten Elemente seiner Persönlichkeit. Der bewährte Schweitzer-Freund Guy Barthelémy gab 1953 diesen Eindruck mit den Worten wieder: „Gleichzeitig mit wachem Bewußtsein die Weltereignisse zu erleben... und sich dann wieder um Kleinigkeiten zu kümmern, das ist nach meiner Meinung das stärkste Zeichen seiner Geistesfreiheit."

Es gehört zu den Sonderbarkeiten, daß in unserer Zeit, die von der Technik und der Masse und der verschieden getönten Brutalität weithin ihr Gepräge empfängt, ein Mensch wie Schweitzer seinen Weg nicht nur zu gehen vermochte, sondern durch die Eigenart seiner tiefen Menschlichkeit die Blicke auf sich lenkte.

Im Verlaufe meiner Lebensbegegnung mit Schweitzer und des sich daraus ergebenden Zeugnisses durch Wort und Schrift wurde mir deutlich, daß das Richtungswort von der „Ehrfurcht vor dem Leben" (veneratio vitae) seinen eigentlichen Gehalt erst empfängt durch das von Schweitzer in mehreren, inhaltlich aber übereinstimmenden Fassungen aufgestellte „Grundprinzip des Sittlichen". Gut ist: Leben erhalten, Leben fördern, entwickelbares Leben auf seinen höchsten Wert bringen. Böse ist: Leben vernichten, Leben schädigen, entwickelbares Leben niederhalten. Diese Wegweisung kann für ein auf Humanität gerichtetes Denken und Sein niemals überboten werden. Sie ist umfassender und bestimmter als der berühmte Kategorische Imperativ Immanuel Kants. Sie ist anwendbar für das persönliche und das allgemeine Dasein der Menschen.

Vor kurzem besuchten mich in meinem Dresdener Wohnort Carmen und Theodor Binder. Binder, Alemanne wie Schweitzer, ist der Begründer des „Amazonas Hospitals Albert Schweitzer" im Hinterlande von Peru. Auch von Binder geht eine große persönliche Strahlkraft aus. Auch er hat eine erfolgreiche Tätigkeit, die Arztpraxis in Lima, aufgegeben, um im Gebiet der Indios zu helfen und damit zugleich ein Zeichen angesichts Jahrhunderte langer Verbrechen aufzurichten. Auch Binder ist nicht nur Arztpraktiker, sondern Denker, auch wenn nicht Jesus und Paulus ihn bestimmen, sondern eher, um zwei zeitlich näherliegende Namen zu nennen, Schopenhauer und Camus. –

Immer war es mein eigentliches Bestreben, aus diesem im besten Sinne des Wortes heroischen Lebenslauf Albert Schweitzers das *geistige* Werk erstehen zu lassen. Der Forscher und Denker, der Kunsterzieher und geistige Rufer höchsten Ranges darf über dem Tatchristen und praktischen Helfer „zwischen Wasser und Urwald“ nicht übersehen werden.

Horst Gunter
geb. 1935 in Kaldenkirchen/Rh.; jetzt Pfarrer an der Kaiser-Wilhelm-Gedächtniskirche/Berlin. Im Herbst 1972 weilte er mit einer Gruppe junger Menschen zu Besuch in Lambarene.
H. G. schrieb den Text für die Anthologie.

Zukunftsbewältigung mit Albert Schweitzer

Albert Schweitzer habe ich nicht mehr persönlich kennengelernt, und doch kenne ich ihn, da ich in Lambarene war. Seitdem geht es mir wie vielen, die ihm persönlich begegneten: Seine Gedanken und sein Werk haben mich so erfüllt, daß ich seither mein Denken und Tun an ihm orientiere und versuche, für die Verbreitung seines geistigen Erbes einzutreten und zur Hilfe für Lambarene aufzurufen, wo immer mir die Möglichkeit dazu geboten wird.
Aus langjährigem Studium seiner Werke entstand der Gedanke, Lambarene zu besuchen. Eine Gruppe junger Leute und ich studierten ein Jahr lang alle greifbare Literatur von und über Schweitzer, und nach einem Besuch in seinem Hause in Günsbach glaubten wir uns genügend vorbereitet für die große Reise. Was wir aber dann in Lambarene selbst erlebten, überbot alles, was wir uns vorgestellt hatten. Tätige Nächstenliebe wird von all den Helfern im Spital gelebt, ob es nun Ärzte, Schwestern, Techniker oder Verwalter sind. Sie kommen aus den verschiedensten Ländern mit dem Schwung von Entwicklungshelfern, verzichten auf persönliche Annehmlichkeiten, arbeiten unter harten Bedingungen in aufopfernder Hingabe für die Menschen dort und lindern viel Leid. Überdies bemühen sie sich um qualifizierte Aus- und Weiterbildung der Afrikaner mit dem Ziel, ihnen mehr und mehr Aufgaben zu übertragen, so daß sie künftig selbständig weiterarbeiten können.
Ich selbst hielt in Lambarene stille Zwiesprache mit Albert Schweitzer, als ich in seinem Zimmer saß und an seinem Tisch seine Doktor-Arbeit las, das einzige, was ich von ihm noch nicht kannte.
Heute werden wir umgetrieben von den Problemen der Gewalt und des Krieges, der Bevölkerungsexplosion, der Zerstörung unserer Umwelt. All dies wird sich weiter verschärfen. Da ist es meine feste Überzeugung, daß Albert Schweitzer helfen kann, wie er selbst es einst in seinem Spital tat, das Ostern 1973 schon 60 Jahre besteht. Er ist keine Gestalt der Vergangenheit, sondern eine der Gegenwart und der Zukunft. Mit seiner Ethik der

Ehrfurcht vor dem Leben vermag er die Fragen unserer Zeit zu beantworten. Er, der universale Theoretiker und Praktiker, kann ein Zeichen setzen, er kann uns durch sein beispielhaftes Wirken sagen, wie wir in Frieden miteinander leben können.
Als wir nach Lambarene kamen, da waren wir voller Fragen, Probleme, Kritik, als wir es verließen, waren wir voller Hoffnung, Enthusiasmus und Lebensmut.

Paul Haupt
geb. 1889 in Oftringen (Schweiz), lebt als Verleger in Bern, wo er Ehrensenator der Universität ist. Seit 1920 mit Schweitzer befreundet, war er dessen Schweizer Verleger.
Aus „Ehrfurcht vor dem Leben – Albert Schweitzer – eine Freundesgabe zu seinem 80. Geburtstag", Haupt, Bern 1954.

Erste Begegnung mit Albert Schweitzer

Ein grauer Wintertag war nach den Weihnachtstagen des Jahres 1920 ins Land gekrochen, und trüb auch waren die Nachrichten, die er meinem jungen Unternehmen auf den Schreibtisch blies ... Da hatte man sich in seiner jungen, unerfahrenen Verlegerbegeisterung für das Werk eines vielversprechenden Wissenschaftlers eingesetzt – und nun drohte die fiebernde Mark den ganzen zähen Aufbau der letzten Jahre wieder zusammenstürzen zu lassen.

Dieses Dunkel vermochte auch die Tatsache nicht aufzuhellen, daß diese Werke, vor allem die drei großen Publikationen über J. S. Bach aus der Feder Ernst Kurths, weit herum beachtet wurden und als Pionierarbeit galten ...

So war das Aufklingen der Ladenglocke meinem Trübsinn keine unwillkommene Musik, und als mir Professor Kurth durch die Türe entgegenkam: ob ich Lust hätte, den bedeutendsten Organisten Europas kennenzulernen, sagte ich, ohne näher hinzuhören, „Ja", schlüpfte in meinen Mantel und machte mich mit meinem unfreiwilligen Unglücksgefährten davon ... „Seinen Namen habe ich Ihnen noch nicht genannt, dieser Mann heißt Albert Schweitzer ..."

Als mich Professor Kurth vorgestellt hatte, umfing ein weiches, warmes Händepaar meine Rechte: „Sie sind also der Verleger der Werke über Bach. Sie können nicht ermessen, welchen Dienst Sie der Wissenschaft der Bach-Forschung damit geleistet haben." Ich wehrte etwas betroffen ab. – „Doch, doch, ich weiß, welche Verluste Sie erlitten haben. Mit solchen Werken macht man keine Geschäfte." Ein Blick seltener, nicht herablassender Anerkennung begleitete die Worte. Und da fühlte ich: ein großer, demütiger Mensch stand mir gegenüber.

Professor Kurth wollte sich verabschieden, da er noch eine Verabredung hätte. Professor Schweitzer schlug vor, ihn zu begleiten, nachdem er erfahren hatte, daß er uns bereits, unwissentlich, ein großes musikalisches Erlebnis bereitet habe. Nachher ergab es sich ganz von selbst, daß wir bei-

den andern zusammen weiterschritten. Mein Begleiter erzählte vom schweren Aufbau des Urwaldspitals in Lambarene, von ergötzlichen Erlebnissen mit Negern, die einen warmen Humor des Erzählers selber hervortreten ließen, und ehe wir uns versahen, standen wir schon vor unserer Haustür. Ich bat Albert Schweitzer, mein Gast zu sein.
„Herzlich gerne", war die Antwort. „Aber hören Sie zuvor noch dies, Herr Haupt: In der Bibel steht: ‚Eher geht ein Kamel durch ein Nadelöhr, als daß ein Reicher ins Reich Gottes kommt', ich möchte aber dieses Bild auch so anwenden: Eher geht ein Kamel durch ein Nadelöhr, als daß ein Autor mit seinem Verleger auskommt. Bei Ihnen und meinem Freund Kurth kann ich aber feststellen, daß Autor und Verleger eng befreundet sind. Ich möchte auch so einen Verleger haben. Wollen Sie mein Tagebuch aus dem Urwald verlegen?"
Das kam nun so überraschend, daß ich vorerst keine Antwort wußte. So nahm mein Gast, als wir im Warmen bei einem Glas Tee saßen, das Gespräch wieder auf: „Sie brauchen keine Angst zu haben, eine Katze im Sack kaufen zu müssen. Ich schicke Ihnen das Manuskript mit dem Verlagsvertrag, dann können Sie sich entscheiden. Ich verlange nur, daß kein Bild von mir im Buche ist, daß das Werklein mit Bildern versehen wird und daß es möglichst billig erscheint."
Aus dem Schatz seines Wissens und Erlebens beschenkte der Gast meine Frau und mich unendlich reich. Und als beim Abschied ein fester, gütiger Blick lange in meinem ruhte, da wußte ich: mehr als einen neuen Verlagsautor hatte ich gewonnen.
Diese Begegnung hat zu einer tiefen, aufrichtigen Freundschaft geführt, die ich zu den glücklichsten Ereignissen meines Lebens zähle.

Albrecht Haushofer
geb. 1903 in München; bis zu seiner Verhaftung 1944 a. o. Prof. f. pol. Geographie an der Universität Berlin, erschossen 1945.
Aus dem Gedichtband „Moabiter Sonette", Blanvalet, Berlin 1946.

Albert Schweitzer

Den Arzt von Lambarene kenn ich nicht,
der Orgel spielt, den Meister Bach versteht,
als Deutender durch Christi Leben geht,
der Inder Denken prüft im klaren Licht.

Nun lebt er, in der Ferne lang verweilend,
am dunklen Kongo. Gerne fragt ich ihn,
warum er sich dem Abendland entziehn,
sich läutern mußte, kranke Neger heilend.

Ich wüßt ihn gerne frei von allem Streit. –
Vielleicht verwies er auf des Herzens Drang,
der ihn zu Dienst in schlichter Güte zwang,

vielleicht verwies er auf die wirre Zeit,
vielleicht auch lächelt er: Du blinder Tor!
Und spielte mir die „Kunst der Fuge" vor.

Theodor Heuss
geb. 1884 in Brackenheim/Württ., gest. 1963 in Stuttgart. Prof. Dr. Heuss war Bundespräsident von 1949–59. Von 1907 bis zu seinem Tode stand er mit Albert Schweitzer in freundschaftlicher Verbindung. 1951 verlieh er ihm in Frankfurt/M. den Friedenspreis des deutschen Buchhandels.
Aus „Würdigungen, Reden, Aufsätze und Briefe aus den Jahren 1949–55", Wunderlich, Tübingen 1955.

Ein großes Wagnis

Es sind über vier Jahrzehnte her, da wir uns zum ersten Male begegnet sind. Sie waren damals die Mitte eines sehr lebendigen Freundeskreises in Straßburg.
Sie standen damals vor dem großen Abenteuer ihres Lebens, in die Fährnisse und Nöte des Urwaldes zu gehen zum armen Lazarus mit der schwarzen Haut, mit seinen Krankheiten und Seuchen, mit seinen Ängsten der Seele. Das Wort „Abenteuer" würden Sie wahrscheinlich damals abgelehnt haben, auf die Seite geschoben; denn der Abenteurer, der sucht Macht und Gewinn und Ruhm. Sie gingen in den Dienst der Ohnmacht, Sie lebten dem Verzicht, und als der Ruhm dann doch auf sie zugeschritten kam, glitt seine Verführung an Ihnen ab. Sie wußten ihn in Ihrem Werk höchst eigentümlich zu entpersönlichen, zu versachlichen, und dieses Werk hieß Lambarene!
Also kein Abenteuer, aber ein großes Wagnis, das nicht die Selbsterhöhung, sondern die Sacherfüllung suchte und fand. Es waren in Ihnen und blieben in Ihnen viele Möglichkeiten angelegt, lieber Schweitzer, aber ich glaube, nie die des Romantikers, auch wenn mancher Sie romantisch gern sehen möchte. Sie sprechen in Ihren Erinnerungen davon, daß Sie ein „verträumtes Kind" gewesen seien, aber Sie wurden ein Mann des sehr wachen Bewußtseins und des sehr praktisch konkreten Entschlusses. Ein Wagnis also, jede echte Nachfolge Christi ist ein Wagnis. Haben Sie damit den Menschen ein „Beispiel" geben wollen? Es mochte Ihnen nicht unwillkommen sein, daß der Weg, auf dem Ihr eigenes Herz zur Ruhe kommen sollte, wohl in anderen Herzen Unruhe weckte, aber doch nicht bloß Unruhe weckte, sondern auch Trost brachte. Denn in den verdammten und verderbten Jahren war Ihr Name, Ihr So-Sein und Ihr Da-Sein, für Zahllose in der Welt Trost und Ruhe. Nun haben Sie aber, zwischen Philosophie und Theologie stehend, die Ethik als Grundvoraussetzung menschlicher Gemeinschaft neu zu fundamentieren versucht. Sie selber waren und sind

nicht bloß „Individualität", sondern ein Individualist mit einem herrlichen, auch robusten Freiheitsbewußtsein und Freiheitsdrang. Ihre Ethik ist, es mag manchem seltsam klingen, Individualethik. Ich glaube, die Gruppe, der Stand, die Klasse, die Rasse, auch „das Volk" und „die Nation", alle diese Dinge oder Begriffe haben Sie im letzten nie sehr interessiert, aber diese Menschen, dieses Schicksal. Sie sind nicht als Missionar mit gesuchter Breitenwirkung zu den Schwarzen gegangen, sondern Sie haben dem Neger Johannes – oder wie er sonst heißen mochte – in seiner Hilflosigkeit zu helfen versucht, mochten Sie stellvertretend sein, mochte er stellvertretend gelten im Geben und Nehmen.

Sie haben für all solche Haltung als objektivierende Formel das Wort gebraucht: „Ehrfurcht vor dem Leben". Ich möchte es aus dem Subjektiven – auch aus Ihrem Subjektiven heraus – interpretieren dürfen als die stolze Freiheit zur Demut vor dem Kreatürlichen, und dies nicht in einer unverbindlichen Abstraktion, sondern in einer immer gegebenen, fordernden Gegenwärtigkeit.

Elly Heuss-Knapp
geb. 1881 in Straßburg, gest. in Bonn. 1908 wurde sie von Albert Schweitzer mit Theodor Heuss getraut.
Aus „Ausblick vom Münsterturm“, Wunderlich, Tübingen 1954.

Der bedeutendste war Albert Schweitzer

Der bedeutendste, das war uns immer klar, war Albert Schweitzer, der Theologe, Philosoph, Bachbiograph und Orgelspieler. Plötzlich überraschte er uns mit der Mitteilung, er werde umsatteln und Medizin studieren, um im Urwald den Negern zu helfen. Er hat uns seine Gründe wohl gesagt; aber verstanden haben wir ihn nicht ganz. Später schrieb ich ihm einmal, daß ich ihn immer erst zehn Jahre später halbwegs verstehen kann in allem, was er tut und was er schreibt. Wir ahnten indes, daß es Berufung im höchsten Sinne war, gegen die es keine Einwendung gibt. Gelegentlich versammelte sich in seiner Stube der ganze Kreis. Dann spielte er auf dem Orgelklavier Teile aus der Matthäus-Passion und erklärte seine Entdekkung der Leitmotive. Er blieb auch als Medizinstudent Vikar, und wir hörten ihn hin und wieder predigen. Heute ist es mir unverständlich, wie wenig wir ihn bewunderten. Er mußte sich oft genug seiner Haut wehren; denn man war unbarmherzig kritisch untereinander.

Robert Jungk
geb. 1913 in Berlin, arbeitet jetzt als Schriftsteller in Wien. 1949 lernte er Albert Schweitzer in Aspen/Colorado kennen und stand bis zu dessen Tode in Verbindung mit ihm.
Aus „Albert Schweitzer, das Leben eines guten Menschen", Jean Pierhal, Kindler, München 1955

Für eine humane neue Welt!

Albert Schweitzer bin ich nur einmal im Leben persönlich begegnet. Es war im Sommer 1949. Der Urwalddoktor hatte die Einladung einer amerikanischen Universität angenommen, in Aspen, einem hoch in den Rocky Mountains gelegenen Schatzsuchernest, über Johann Wolfgang Goethe zu sprechen. –
Allerdings ging es mir mit Schweitzer zuerst wie mit vielem Schönen und Vollkommenen. „Es ist altmodisch", sagte ich mir, „so einen Menschen kann unsere Zeit leider nicht mehr hervorbringen!" Aus seinem Werk aber trat mir dann ein ganz anderer Schweitzer entgegen. Ich mußte mir eingestehen, daß ich ihn bei aller Verehrung doch unterschätzt hatte. Er war so wenig ein gütiger, heiterer, alter Herr wie Gott nur ein lieber oder freundlicher Greis mit einem weißen Vollbart ist. Hier sprach ein von Schmerz Zerrissener, mit tiefsten Fragen Ringender zu mir. Er hatte eingesehen, daß der „Sinn der Welt" ihm wie auch den anderen Menschen niemals wirklich durchschaubar sein werde. Die Sinnlosigkeit nahm er auf sich und hatte dennoch den Mut, an ein sinnerfülltes Leben zu glauben. Pessimist im Erkennen, blieb er Optimist im Handeln und Gestalten.
Um die Mitte des 19. Jahrhunderts, so stellt Schweitzer fest, habe die Abdankung der Kultur gegenüber der Wirklichkeit begonnen. Kampflos und lautlos habe sich dieses schicksalsschwere Ereignis vollzogen, und die meisten Zeigenossen hätten es nicht einmal bemerkt. „Wie ging dies zu?" fragt Schweitzer.
Seine Anklage lautet klipp und klar:
„Das Entscheidende war das Versagen der Philosophie."
Nie hätte ich gedacht, daß der freundliche Professor mit dem etwas wirren, vollen Haar und dem spitzbübischen Augenzwinkern eine so scharfe Klinge schlagen könnte. Schon um die Jahrhundertwende hatte er dem gedankenlosen Optimismus seiner Zeitgenossen nicht getraut, sondern tief beunruhigt die klaren Vorzeichen kommenden Unheils bemerkt. Der

1. Weltkrieg überraschte ihn darum nicht, sondern schien ihm nur die nun jedermann sichtbare Folge des fortschreitenden Kulturverfalls zu sein. Unmittelbar nach dem Kriege kündigte Schweitzer warnend eine zweite Katastrophe an. Die Selbstvernichtung der Kultur gehe weiter, erklärte er. Das, was von ihr noch stehe, sei auch nicht mehr sicher, ein neuer Erdrutsch könne es mitnehmen.

Und über drei Jahrzehnte später, als auch die zweite schmerzliche Prophezeiung sich erfüllt hat, stößt Schweitzer dann zum dritten Male seine Warnung aus. Er steht, nun fast 80 Jahre alt, schon sehr müde, aber doch noch aufrechtgehalten von dem Gefühl der Verantwortung für seine Mitmenschen, in der Aula der Universität Olso und ruft aus: „Wagen wir es, der Situation ins Gesicht zu sehen! Der Mensch ist zum Übermenschen geworden. Er ist nicht nur deshalb ein Übermensch, weil er über angeborene physische Kraft verfügt, sondern weil er darüber hinaus, dank der Errungenschaften der Wissenschaft und Technik, die in der Natur schlummernden Kräfte beherrscht und zu nutzen versteht. Aber der Übermensch hat sich nicht auf das Niveau übermenschlicher Vernunft erhoben, die dem Besitz übermenschlicher Kraft entsprechen sollte. Der Übermensch wird, im gleichen Maße wie seine Macht sich vergrößert, mehr und mehr ein armer, armer Mensch. Um sich nicht der Zerstörung, die von oben auf ihn herunterprasselt, völlig auszusetzen, muß er sich unter die Erde eingraben wie die Tiere des Feldes. Die wesentliche Tatsache, die unser Gewissen aufrütteln muß und der wir schon seit langer Zeit eingedenk sein sollten, ist, daß wir um so unmenschlicher werden, je mehr wir zu Übermenschen emporwachsen." Die Größe Albert Schweitzers zeigt sich nun darin, daß es ihm nicht genügte, seit Beginn des 20. Jahrhunderts die Krankheit des Jahrhunderts besorgt zu beobachten und diagnostizieren, sondern auch intensiv über Mittel zu ihrer Heilung nachzudenken. –

Erkennen ist nicht an „Gut" und „Böse" gebunden, es darf vor nichts, nicht einmal vor dem erkennenden Menschen selbst haltmachen. Und wenn es ihn nun ins Chaos stürzt? Und wenn seine Erkenntnisfähigkeit Kräfte auslöst, die er nicht mehr beherrschen kann, die übermenschlich, unmenschlich, antimenschlich werden? Muß dann nicht wenigstens ein Denker, einem Arzt gleich, eingreifen: „Nur bis hierher darfst du ohne Gefahr für deine Gesundheit. Du mußt dein Leben ändern, mußt eine neue Grundlage dafür finden." Genau dies ist es, was Albert Schweitzer, am geistigen Krankenbett des vom totalen Kulturverfall bedrohten Menschen stehend, getan hat. Er empfiehlt, man möge das philosophische Denken künftig nicht mehr ausschließlich auf das Erkennen der Welt, sondern vor allem auf das Erleben der Welt gründen. Die erste Tatsache des Denkens ist ihm nicht „Cogito ergo sum" (Ich denke, also bin ich"), wie es Descartes

behauptet hat, sondern: „Ich bin Leben, das leben will inmitten von Leben, das leben will."
Die erste Willenstat dieser Philosophie verkündet: „Ehrfurcht vor dem Leben." Ihr Maßstab, an dem sich das Zeitalter und die Kultur künftig messen, lautet: „Gut ist, Leben erhalten, Leben fördern, entwicklungsfähiges Leben auf seinen höchsten Stand bringen. Böse ist: Leben vernichten, Leben beeinträchtigen, entwicklungsfähiges Leben hemmen." Schweitzers eigenes Leben gibt dafür zwar kein wörtlich anwendbares und nachzuahmendes Beispiel, aber doch einen wichtigen Hinweis. Weil es ihm nicht genügte, das Christentum nur zu predigen, ging er hinaus in den Urwald, um es vorzuleben. Dorthin, wo Angst, Aberglauben, Leid und Verwirrung ihm am tiefsten zu sein schienen, wollte er Sicherheit, Licht, Klarheit und Freude bringen.
Ähnlich sollten heute Menschen, die noch echte Kulturwerte zu schätzen wissen, sie nicht nur für sich in der „Heimweh-Ecke" still hegen und genießen, sondern versuchen, sie in die „Angst-Welt" hinauszutragen, um damit an der Vermenschlichung der modernen Welt mitzuwirken. Auch der Urwald der modernen Welt kann vermenschlicht werden, so daß er Leben fördert, Leben erhält und Leben schont. Die Tat Albert Schweitzers läßt sich täglich mitten in unserer Welt wiederholen, die so voller Leid und Disharmonie ist. Das ist eine wichtigere Aufgabe als der Vorstoß in immer neue Sphären, die den Menschen nur noch mehr von sich selber wegführen, ihn zum Übermenschen und Unmenschen machen.
Vielleicht wird es den Millionen einzelnen gelingen, ausgerüstet mit der einfachen, lebensbejahenden Ethik Albert Schweitzers, allmählich die „gefährliche neue Welt" in eine „humane neue Welt" zu verwandeln. In ihr würde jede Erfindung nicht nur daraufhin geprüft werden, wie sie funktioniert und produziert, sondern, ob sie den Menschen wirklich erlaubt, Mensch zu bleiben. Ordnet sich so der heute noch blind wuchernde Fortschritt erst einmal dem einfachen Leitwort „Ehrfurcht vor dem Leben" unter, so ist der erste Schritt in eine schönere Zukunft getan.

Niko Kasantzakis
geb. 1883 in Heraklion/Kreta, gest. 1957 in Freiburg/Brsg. N. K. war Schriftsteller und Philosoph. 1955 begegnete er Albert Schweitzer in Günsbach; aus Dankbarkeit widmete er ihm sein Buch über den Hlg. Franziskus ,,Pax et bonum".
Aus ,,Albert Schweitzer, das Leben eines guten Menschen", Jean Pierhal, Kindler, München 1955.

Die beiden Brüder

Der Heilige Franz war die letzte Seele des Mittelalters und die erste der Renaissance; in dieser Welt, in der wir heute leben, könnte Albert Schweitzer die erste Seele einer neuen Renaissance sein. Wenn diese Welt Bestand haben soll, wird dieser Mann in sich selbst das Vorbild des künftigen Menschen vorzeichnen. Albert Schweitzer in unserer Mitte ist ein großer Trost... er gibt uns das Vertrauen in den Menschen.

Emil Lind
geb. 1890 in Schwegenheim/Pfalz, Pfarrer, gest. 1966 in Speyer. Er war 1911 Albert Schweitzers letzter deutscher Student in Straßburg. Seit dieser Zeit währte die Freundschaft. L. brachte die erste Biographie von Dr. Schweitzer heraus.
Aus „Albert Schweitzer zum 75. Geburtstag", Dobbeck, Speyer 1950.

Der 28. August 1949

Um die Mittagszeit des 28. August 1949 strömten die Goethe-Freunde in Scharen zur neuerstandenen Paulskirche, um zur gleichen Stunde, da vor 200 Jahren Johann Wolfgang Goethe das Licht der Welt erblickte, dieses „kosmische" Ereignis in einem feierlichen Akt zu würdigen.
Zu Beginn des Festaktes war etwas geschehen, was die sämtlichen Anwesenden wie mit einem Zauberschlag aufleuchten und lebendig werden ließ: Ein schlichter, einfach gekleideter, weißhaariger Mann hatte den Raum betreten. Die Freunde erkannten ihn sogleich als den ersten Goethe-Preisträger des Jahres 1928: den Urwalddoktor Albert Schweitzer. Überraschend auch für seine Freunde war er nach Frankfurt gekommen, um hier durch seine Teilnahme am Festakt seine große, ehrfurchtsvolle Liebe zu Goethe zu dokumentieren. Der greise Gast trug im Nu ein Fluidum in die Paulskirche, das die Gemüter in Feststimmung versetzte. Während der Reden und musikalischen Darbietungen wandten sich die Blicke der Tausende immer wieder auf die Greisengestalt in der Reihe der Ehrengäste. Was die Menschen empfanden, hat ein Berichtender in die Worte gefaßt: „Alle hatten urplötzlich das Gefühl, daß mit Albert Schweitzer ein Stück Goethe leibhaftig unter die Feiernden getreten sei, ein Mensch, der nicht nur die faustische Art verkörperte, sondern zugleich der größte Tatchrist der Gegenwart genannt werden darf." Schweitzer saß auf seinem Ehrenplatz und hörte sich alles, was dargeboten wurde, mit Aufmerksamkeit und Schweigen an. Er hat auch nachher in Frankfurt kein Wort über Goethe gesprochen. Und dennoch hat der stille Gast in der Paulskirche allein durch seine Anwesenheit ein äußerst wirksames Zeugnis für Goethe abgelegt. Tagelang bildete sein Besuch das Tagesgespräch in der Goethestadt. Geistig hochstehende und sehr anspruchsvolle Besucher versicherten: Das Erscheinen Schweitzers sei das wertvollste Erlebnis der Feiernden in der Paulskirche gewesen.
Ein jeder hätte sich sehr gefreut, wenn Schweitzer die Aufforderung, die Gedenkrede in Frankfurt zu halten, angenommen hätte. Doch war sein Schweigen auch sehr wirkungsvoll.

Als er nach der Beendigung der Feier dem Ausgang zuschritt, bescheiden und schlicht, war er sofort von Freunden umringt. Ununterbrochen mußte er Hände schütteln. Dazwischen fiel auch einmal eine humorvolle Bemerkung, wenn ihm die Begeisterten zu nahe auf den Leib rückten. Vor der Paulskirche wuchs die Zahl derer, die ihn umdrängten. Es waren viele darunter, die kaum seinen Namen kannten, jetzt aber im Banne seiner Persönlichkeit standen. Programme, Notizblätter, abgerissene Zettel wurden ihm entgegengehalten, damit er seinen Namen daraufschreibe.
Nun ist Schweitzer seit langem der Auffassung, daß man einem Bittenden seinen Wunsch erfüllen muß, wenn er im Bereich des Möglichen liegt. Auch der Namenszug kann im Leben des Betreffenden irgendwann Gestalt annehmen und segensreich wirken. –
Als die Leute ihn um ein Autogramm bedrängten, bog er – kurz entschlossen – von der Straße auf ein der Paulskirche gegenüberliegendes Ruinenfeld ab, setzte sich auf einen Trümmerblock und schrieb Autogramm um Autogramm in aller Gelassenheit und Ruhe. Selbst auf das Drängen der Polizei gab er humorvolle Antworten, ohne sich in seinem Tun stören zu lassen.
Was auf die Menge wirkte, war die Macht der Persönlichkeit im goetheschen Sinne. Unwillkürlich empfanden die Menschen um Schweitzer, daß ihnen eine Begegnung geschenkt wurde, die alle guten Kräfte der Vergangenheit in sich aufgenommen und verarbeitet hatte, die diese Kräfte den Menschen neu schenken wollte.
Es führt eine gerade Linie von Goethe zu Schweitzer – die Goethe-Feier zwischen den Trümmern gewann symbolische Bedeutung.

Theodor Litt
geb. 1880 in Düsseldorf, gest. 1962 in Bonn; Dr. phil., Dr. rer. pol. h. c., Dr. theol. h. c., ord. Prof., f. Philosophie und Pädagogik in Leipzig, später in Bonn; Träger des Ordens „Pour le Mérite".
Text aus „Durchs Jahr mit Albert Schweitzer", Limbach, Braunschweig 1966.

Begegnung und Erkenntnis

Überblickt man alles, was an Urteilen über den Zustand unserer westlichen Welt ans Licht tritt, dann ist man überwältigt durch den Eindruck, wie stark die Äußerungen des Mißbehagens, der Unzufriedenheit, der Resignation, ja nicht selten der Verzweiflung überwiegen. Es sieht so aus, als ob die Kritiker in dem Bestreben wetteiferten, der freien Welt das Zutrauen zu sich selbst bis auf den letzten Rest zu nehmen.
Auf dem Hintergrund dieser Gesamtlage muß die Gestalt Albert Schweitzers gesehen werden. Die ohnegleichen dastehende Verehrung, die ihm von allen Seiten entgegengebracht wird, hat zur letzten Grundlage die Überzeugung, daß er wie nur wenige die Heilkräfte in sich versammelt und verkörpert, die einzig und allein die Menschheit aus ihrer schweren Daseinskrise emporzureißen vermögen. Man muß die ganze Verzweiflung am Menschen ausgekostet haben, die den ins gegenwärtige Weltgeschehen Verstrickten ergreifen kann, um die Größe des Geschenks zu ermessen, das uns mit Leben und Werk dieses Mannes zuteil geworden ist.
Wir wissen: hier steht ein Mensch vor uns, der, wie unsere Sprache so schön sagt, in der von ihm erwählten Aufgabe trotz ihrer Mühseligkeit, ja gerade um ihrer Mühseligkeit willen „aufgeht". Gestehen wir uns ein, daß solchen Menschen zu begegnen unser Zeitalter um so inbrünstiger Verlangen trägt, je seltener ihm die Gnade solcher Begegnung zuteil wird.

Hermann Mai
geb. 1902 in München, Dr. phil., Dr. med., Dr. med. h. c., o. Prof. und 25 Jahre Direktor der Univ. Kinderklinik Münster; seit 1956 über 30 Monate kinderärztlich in Lambarene tätig.
Aus „Jahresschrift 1967 der Gesellschaft zur Förderung der Westfälischen Wilhelms-Universität zu Münster", gekürzt auch erschienen in „Universitas", 24. Jg. Heft 6, 6. Juni 1969.

Der Arzt Albert Schweitzer

Als Albert Schweitzer in Münster die Würde eines Ehrendoktors der Westf. Wilhelms-Universität feierlich entgegenahm, lag seine Spitalsgründung in Lambarene nicht viel weniger als 50 Jahre zurück. Wer auch nur andeutungsweise von Beginn und Weiterführung dieser Tat etwas weiß, mag Tragweite und Ausstrahlungskraft jenes Werkes ahnen. Was an schwierigem Beginn im Kleinen und zäher Fortführung bis zur Größe des späteren Spitals geleistet wurde, verdient zum ersten Mal in des Wortes bester Bedeutung den Sinn einer Entwicklungshilfe. Ich wüßte keinen Menschen, der vor ihm in gleicher Hingabe, unter ähnlichen Opfern und in solcher Dauer auf irgendeinem Gebiet eine gleiche Hilfe an Mitmenschen verschenkte, die einer solchen bedurften.
Das Wort „Entwicklungshilfe" stammt weder von Schweitzer, noch habe ich es im Laufe der Jahre je von ihm vernommen, als es längst modern war. Bei aller Klarheit seines Urteils über Inhalt und Bedeutung der Kultur eines Volkes war es seinem Denken ganz fremd, einen Maßstab zu setzen, was „unterentwickelt" sei.
Wenn es inzwischen auch üblich wurde, die geringschätzige Bezeichnung eines „unterentwickelten" Volkes oder Landes zu vermeiden, so ist diese Gesinnung im Wort „Entwicklungsland" nur dürftig verborgen.
In Schweitzers Art des Denkens und Handelns spielen Begriff und Absicht einer Hilfe eine überragende Rolle. Es ist weithin bekannt, wie stark der Anblick jener leidvollen Negerplastik in Colmar den jungen Albert Schweitzer in seinem Entschluß bewegt hat, Arzt zu werden und in dieser Eigenschaft in Afrika zu helfen. Ein halbes Jahrhundert hindurch ist er der Ausführung dieses Entschlusses bis zur Woche seines Todes treu geblieben. Niemand hat ihn je in Ruhe oder gar Erholung erlebt. Dafür gibt es kaum einen besseren Zeugen als seine tapfere Frau, die selbstlose Helferin in den schwersten Jahren eines Anfangs in Lambarene. Ihr war nicht die gleiche gesundheitliche Kraft verliehen wie dem Mann. In späten, von

Krankheit überschatteten Tagen wußte sie in mancher besonders heißen Stunde des äquatorialen Tages über ihres Mannes Arbeitsleistung zu berichten. Man wird ihrem klugen Urteil folgen dürfen, wenn sie beobachtete, daß der Urwaldarzt, oft nahe der Erschöpfung, seine Tätigkeit zu verlagern verstand. Darin lag vielleicht unbewußt eine Ökonomie der Kraftanwendung. Er selbst hat dies nie zugegeben, obwohl man diesen Wechsel bis in die letzten Zeiten seines Lebens beobachten konnte. Abgespannt von wichtiger, immer eigenhändiger Korrespondenz, hat er unvermittelt zum Werkzeug gegriffen und Hand an entstehende Bauten gelegt. Wenn sich dort die Handwerker ermüdet zurückzogen, benutzte er seine sog. Urwaldorgel, um neue Deutungen in der Wiedergabe Bachscher Musik zu finden. Töne wurden von ihm gespielt und alsogleich der entscheidende Punkt schriftlich niedergelegt. Nichts wäre von der Wirklichkeit weiter entfernt als die Vermutung, ihm wäre je die Musik jene erholsame Lieblingsbeschäftigung gewesen, wie dies für manche Menschen Geltung hat. Schweitzer hat in aller Tätigkeit wirksame Arbeit geleistet und darin nie eine Pause eingelegt. Welchem Arzt ist es zudem möglich gewesen, auf anderen Gebieten so Entscheidendes zu leisten wie Schweitzer in der Philosophie, der Theologie und in der Musik?
Es liegt selbstverständlich ganz subjektiv in meiner eigenen Einstellung, wenn ich in Schweitzer sowohl in der Lektüre seiner Schriften als auch im persönlichen Umgang im letzten Jahrzehnt in ihm den Arzt gesucht, besucht und gefunden habe. Sicherlich hat (mindestens zeitlich berechnet) die ärztliche Tätigkeit in Schweitzers Leben den breitesten Raum eingenommen. Auch wenn er in den letzten Jahren medizinische Instrumente nicht mehr zur Hand nahm, so hat seine Gegenwart bei schwierigen Operationen, besonders aber die fortwährende Besprechung aller wichtigen Begebenheiten und Entschlüsse im Hospital immer die entscheidende Bedeutung beibehalten...
Hätte Schweitzer keine anderen Leistungen aufzuweisen als die jahrzehntelange Arzttätigkeit in Lambarene..., so gebührte ihm allein aus diesem Grund der Rang eines Großen in der Geschichte. Ich weiß von keinem Entgelt, das er je annahm, welches den Umfang dessen überstieg, was zum Allernotwendigsten, alltäglichen Lebensunterhalt erforderlich war. Seine Bescheidenheit ist kaum nachahmbar.
Keine noch so übertriebene Anekdote vermag sich weit von der Wirklichkeit zu entfernen. Wer nicht aus nächster Nähe seine Lebensweise beobachten konnte, macht sich schwer eine Vorstellung von der äußeren Bedürfnislosigkeit dieses Mannes, selbst bis ins höchste Alter. Materielle Mittel als Ertrag ärztlicher Tätigkeit, ebenso von Orgelkonzertreisen, ja sogar des Nobelpreises hat er ausschließlich für seine Kranken, zur Erweite-

rung des Hospitals und direkt dafür dienliche Zwecke verwendet. Auswärtigen Ärzten hat er in Lambarene wiederholt – wie ich als Ohrenzeuge vernehmen konnte – empfohlen, die Mittel aus einer sog. Privatpraxis zugunsten einer möglichst umfangreichen kostenlosen Armentätigkeit auszugeben. Ob sein Rat befolgt wird? ... Oft glitt seine Erinnerung in vergangenen Zeiten. Im Erzählen wurde er der überzeugende Historiker der Tropenmedizin seiner fünf durcharbeiteten Jahrzehnte. Stets war die Beziehung des Erlebten zur aktuellen Gegenwart eindeutig und eng, sei auch der Zeitabstand noch so groß. Das wahrhaft Faszinierende an solchen Gesprächen war immer jene erregende Gegenüberstellung zwischen der Not eines gegenwärtigen Kranken, den es zu behandeln galt, und den weitausholenden, aber immer in knappe und einfache Worte gefaßten Gedanken des „grand docteur“...
Es gab im Umgang mit dem Arzt Albert Schweitzer keinen Augenblick, in welchem nicht die breite Fülle seiner Persönlichkeit auch im rein medizinischen Bereich erkennbar war. Im Vordergrund stand stets die unausweichliche Notwendigkeit des ernsthaften Denkens, das Bestreben zu gewissenhafter Überlegung. Nie blieb es aber bei dieser Seite seines Wesens. Immer war eine unbegrenzte Gütigkeit zu spüren, verbunden mit seinem lebensbejahenden Optimismus und einem feinfühligen Humor. Wer ihm half, war stets ebenso ein Empfangender wie jeder Kranke, dem er half. Dieses Doppelte wurde mir in manchen Nächten am Bett eines schwer an Malaria Erkrankten besonders deutlich. Jahrelang hatte dieser die schlichte Arbeit ausgeführt, schadhafte Boote auszubessern, frisch zu teeren oder da einzuspringen, wo gerade eine Hand benötigt wurde. Nun ging es mit ihm zu Ende. Jetzt saß Schweitzer Nacht für Nacht an seinem Bett. Was dem Arzt an Erfolg versagt blieb, wußte der Seelsorger glaubwürdig und in reichem Maß zu geben. In solchen Nächten wurde überzeugend spürbar, was er einmal schrieb: „Durch die Ehrfurcht vor dem Leben werden wir auf eine elementare, tiefe und lebendige Weise fromm.“

Larimer Mellon
geb. 1910 in Pittburgh/Pennsylvania, Arzt; er leitet seit 1956 das Albert-Schweitzer-Hospital auf Haiti. 1951 besuchte er Dr. Schweitzer in Lambarene.
Text aus einem Brief v. 6. 9. 72 an die Herausgeberin der Anthologie.

Das Schweitzer-Hospital auf Haiti

Zu Lebzeiten verfolgte Dr. Schweitzer das Gedeihen des Schwester-Hospitals auf Haiti mit größter Aufmerksamkeit. – Bei einem Besuch in Lambarene 1951 hatte er mich ermutigt, noch Medizin zu studieren. Eines Tages bemerkte er zu einem meiner Freunde: „Ich glaube, ich habe Mellon keinen guten Dienst erwiesen, als ich ihm riet, Missionsarzt zu werden. Der arme Kerl wird eines Tages so müde sein wie ich!" Ich zitiere diese Worte, um dadurch zu zeigen, daß Schweitzers Herz so groß war wie sein Verstand.
Nun, ich arbeite seit 1956 gern im Urwaldspital auf Haiti. Unsere Ärzte und Krankenschwestern kommen – wie in Lambarene aus vielen Ländern der Welt. Aber im Gegensatz zu Lambarene, wie es sich zu Dr. Schweitzers Lebzeiten vorstellte, werden bei uns nur Kranke aufgenommen, nicht deren Familien, und sie zahlen einen kleinen Betrag für die Behandlung. Der jeweilige Restbetrag wird gedeckt durch die Einkünfte der kleinen Betriebe – z. B. einer Keramik- und Möbelwerkstatt – auf dem Spitalsgelände.
Deschapelles darf also nicht beanspruchen, ein zweites Lambarene zu sein! Doch versuchen wir bewußt, unsere Arbeit von der „Ehrfurcht vor dem Leben" leiten zu lassen, und fragen uns täglich: „Was täte wohl Dr. Schweitzer in unserer Lage?"
Seit der Eröffnung des Spitals 1956 haben wir versucht, nahezu 193 000 Kranken zu helfen; jetzt haben wir jeden Monat 5000–6000 Menschen Hilfe zu bringen. Dabei hoffen wir, daß sich Dr. Schweitzers Zuspruch erfüllt: „Ich wünsche euch jeden nur denkbaren Erfolg für euren Liebesdienst!"

Robert Minder
geb. 1902 in Wasselome; Dr. phil., o. Prof. an der Sorbonne in Paris für deutsche Sprache und Literatur. Von 1919–22 war er Schweitzers Schüler in Musik und Philosophie.
Aus dem 24. Rundbrief f. d. Freundeskreis von Albert Schweitzer, Juni 1964, Heidenheimer Zeitung.

Klavierunterricht bei Albert Schweitzer

An einem Herbsttag des Jahres 1919 setzte ich den weitläufigen Glockenzug eines Hauses am St. Nikolausstaden in Straßburg in Bewegung. Ich war siebzehn Jahre alt und wußte fast nichts von Schweitzer. Bekannte hatten mir empfohlen, wegen eines Klavierlehrers seinen Rat einzuholen. Ein mächtiger Kopf mit üppigem Haarschopf erscheint an einem der Fenster im ersten Stock. Dann öffnet sich die Tür auf einen dunklen Hausflur, und eine Dame – Frau Schweitzer, wie sich herausstellen sollte – fragte nach dem Begehr. „Ich will sehen, ob der Herr Professor Sie empfangen kann", sagt sie. Aber schon ertönt von der Treppe herunter seine Stimme: „Laß nur die Leute heraufkommen!" Diese Spontaneität des Empfangs, die Bereitwilligkeit, Unbekannte anzuhören und womöglich zu Tisch zu bitten, hat er sich nie abgewöhnen können – oft genug zum Kummer seiner Umgebung, die eine allzu große Belastung befürchtet.
Er führte mich in einen hellen Raum. In der Ecke bei einem der Fenster stand das Pedalklavier, das man heute noch in Günsbach sehen kann und auf dem er seine Orgelstücke zu üben pflegte. Hier spielte ich auf seinen Wunsch aus meinem „Repertoire" vor, unter anderem die Chromatische Phantasie von Bach in der Bearbeitung von Busoni. Schweitzer und Busoni. Er hörte geduldig zu. Später hat er mir seine eigene Ausgabe der Chromatischen geschenkt. Der Unterschied wurde mir klar zwischen der romantisch-üppigen Inszenierung Busonis und der klassischen Linienstrenge Schweitzers, dem es auf das Herausarbeiten der Architektur ankommt.
Er erklärte sich bereit, selber den Unterricht zu übernehmen, obwohl er sonst keine Klavierschüler habe und auch keinen suche. Zehn Franken sollte die Stunde kosten. „Wenn das Honorar zu hoch ist", sagte er zu meiner Mutter, die mich begleitet hatte, „machen Sie sich keine Sorgen, es wird dann auch so gehen."
Der Unterricht dehnte sich bald auf ganze Nachmittage aus. Es gab ja an allen Ecken und Enden zu helfen! Auf das Kind, das in seiner Wiege schlief,

die kleine Rhena, sollte aufgepaßt werden, Briefschaften mußten geordnet, Pakete verschnürt und versandt werden. Nicht für Afrika – das Spital war damals zerstört und sein Wiederaufbau äußerst problematisch –, sondern für Arme und Bedürftige aller Art, vor allem für deutsche Freunde, die in Not geraten waren, darunter berühmte Leute wie etwa Cosima Wagner, die in ihrem Bayreuth keine Kohlen hatte, frieren und hungern mußte und die sehr dankbar war, wenn Schweitzer wieder einmal aufs Rad stieg, ein paar Kilo Butter über die Grenze schaffte und die Zollplackerei dabei geduldig in Kauf nahm. Später noch – bei der Zeppelinweltfahrt 1928 – sagte er mir nachdenklich: „Jetzt kann man mit dem Luftschiff um die Welt reisen, aber eines kann man nicht mehr: ungefragt über die Brücke von Straßburg nach Kehl gehen!" Die Straßburger Universität nahm kaum Notiz von ihm. Vielen war er suspekt, da er es angeblich „mit den Deutschen hielt". Treue zu den Freunden, in welchem Lager sie auch stehen mochten, ist für ihn immer ein oberstes Gesetz gewesen. Daß er dabei oft in ein schiefes Licht geriet, kümmerte ihn nicht. Ab und zu packte ihn der Übermut, dann sprachen wir nicht Dialekt wie gewöhnlich, sondern laut hochdeutsch auf der Straße, ein damals verpöntes Unterfangen. Den „Elsässischen Kirchenboten", dessen Redaktion er 1918 übernommen hatte, hielt er bewußt aus allem Zeitgeschehen heraus – „als sei das Blatt 1830 redigiert", äußerte er lächelnd, wenn ich – am Schluß der Klavierstunde – wieder einmal Korrekturbogen zu lesen hatte. Es war ein Protest gegen den Siegestaumel, der für Frankreich selber einmal so schlimme Folgen haben sollte. Schweitzers weltpolitische Informationen waren schon damals erstaunlich umfassend, seine Einsichten tief und dem landesüblichen Gerede entgegengesetzt, um nicht zu sagen schockierend. Er ging unbeirrt seinen Weg, arbeitete an der Grundlegung der Ethik, aus der ein neues Verhalten der Menschen zueinander und zur Welt entstehen sollte, und zugleich war er um die praktische Anwendung dieser Ehtik bemüht – den Wiederaufbau Lambarenes. Wer mit ihm zusammengelebt hat, weiß, welcher Mischung von Zähigkeit und Umsicht, unverdrossener Kleinarbeit und weitsichtiger Planung, innerer Ruhe und diplomatischem Geschick es bedurft hat, um die aufgetürmten Schwierigkeiten zu überwinden – finanzielle, politische, menschliche.
Im Herbst 1921 mußte der Unterricht aufgegeben werden, denn ich hatte die Aufnahmeprüfung der École Normale Supérieure in Paris bestanden, wo man vier Jahre lang auf Staatskosten die höheren Universtiätsexamen vorbereitet. Schweitzer hatte mich lebhaft dazu ermutigt, mit seinem Rat unterstützt und mir insbesondere neben den Klavierstunden noch Philosophieunterricht erteilt.
In Paris führte er mich in seinen Freundeskreis ein, brachte mich mit Musi-

kern und Gelehrten zusammen: mit Isidore Philipp natürlich, vor allem aber mit Charles Schweitzer. Dieser war recht skeptisch Lambarene gegenüber. Gleich beim ersten Besuch schwärmte mir Charles Schweitzer von seinem Enkel vor, von Jean Paul Sartre, der nach dem frühen Tod des Vaters zum Teil bei dem Alten aufgewachsen war und der nun bald mein Mitschüler an der École Normale werden sollte. Albert Schweitzer hatte seinerzeit den künftigen Begründer des franzöischen Existentialismus im Kinderwagen von der Rue Mignard ins Bois de Boulogne spazierengefahren. Sartre selbst ist schon als Junge nach Günsbach gekommen, hat dort seine ersten kindlichen Theaterstücke geschrieben und den Kontakt mit seinem Vetter bis heute nicht verloren. Besonders eng ist dieser Kontakt aber nie gewesen. Gemeinsam bleibt beiden trotz so vieler Unterschiede die vollkommene äußere Anspruchslosigkeit, das Ethos der Arbeit und eine Hilfsbereitschaft, die nicht selten ausgenutzt wurde und Sartre – so seltsam es klingen mag – manchmal fast ruiniert hat. Der aggressiv-sarkastische Zug an ihm, sein unverblümter Realismus waren beim alten Charles Schweitzer schon erstaunlich vorgebildet. Von ihm, dem Germanisten, der Albert Schweitzer um die Jahrhundertwende an der Sorbonne über Nietzsche, Hauptmann und andere Themen sprechen ließ, hat der Enkel auch seine soliden Kenntnisse der deutschen Sprache und Kultur. Als letzter sei hier Romain Rolland genannt, dem ich damals – im Frühjahr 1922 – zum ersten Mal begegnet bin. Er empfing uns in seiner alten Wohnung in der Rue Campagne-Première am Montparnasse: ein vom Feuer der Vernunft leidenschaftlich durchglühter Mann, zäh trotz der Krankheit, die dem schlanken, leicht fröstelnden, vornübergebeugten Achtundfünfzigjährigen anzusehen war. Durchaus nicht weltfremd, war er politisch außerordentlich gut informiert, scharf im Aufdecken der sozialen Machtkämpfe. Er wurde in Frankreich angefeindet wie Schweitzer im Elsaß. Sie konnten Erfahrungen austauschen über das erschütternde Versagen so vieler Zeitgenossen in und nach dem Weltkrieg. Es blieb der Glaube an den Menschen und der Trost durch die Kunst.

Walter Munz
geb. 1933 in Arbon/Schweiz, Arzt; v. 1961–1969 in Lambarene tätig, seit 1965 als Chefarzt des Albert-Schweitzer-Spitals; z. Zt. Chefarzt in Wil, Ktn. St. Gallen.
W. M. gab Herausgeberin diesen Text f. Anthologie.

Albert Schweitzer im Alltag seiner letzten Jahre

Jeden Abend leitet Albert Schweitzer nach dem Essen den Choral vor der Andacht mit einer Improvisation auf dem Klavier ein. Von Zeit zu Zeit aber ergreift ihn die Musik so stark, daß er täglich ein oder zwei Stunden spielt. Gewöhnlich geschieht das in der Abenddämmerung, wenn die Arbeiten auf den Bauplätzen des Spitals und im Garten ruhen. Dann musiziert er – ohne Noten, ohne Licht – mit seinen breiten, starken Händen, die den Schubkarren, die Schaufel und den Hammer genauso gut führen, wie den trostbedürftigen Kranken zärtlich über Stirn und Schläfen streicheln. Der Neunundachtzigjährige übt mit Energie und Geduld Triller und komplizierte Tonleitern und arbeitet an sich selbst, als gelte es, eine neue Konzertreise vorzubereiten. Von den immer neu erfundenen Etüden wechselt er über zu Fantasien. Diese tönen bald schwer und kraftvoll, bald sind sie jubilierende Klänge oder rührend zarte Melodien, als dächte der alte Mann an Blumen oder an Kinder. Das Nebeneinander von ernstem Suchen nach ewigen Werten und das glückliche Hingewendetsein zu irdischen Freuden hat mich an Dr. Schweitzer oft tief ergriffen und in Staunen versetzt. So kenne ich ihn: heiter, aufgeschlossen, leutselig im schönsten Sinne und zugleich völlig hingegeben an ernste Aufgaben, die er sich selbst wählte und für die er wirkt in täglicher Verpflichtung.
Wenn Schweitzer tagsüber nicht auf irgendeinem Bauplatz beschäftigt ist, so sitzt er meistens an seinem Schreibtisch mitten im Trubel des Spitals. Neben ihm steht und schwatzt die bunte Krankenschar, die auf Medikamente wartet, hinter ihm hält ein Arzt seine Sprechstunde. In dieser Welt schreibt der Doktor Briefe und Manuskripte. Im dauernd bewegten Krankendorf ist er die ruhige Mitte. Er schreibt langsam, jeden Gedanken gleich in endgültiger Form. Diese besonnene Arbeitsweise ist wohl eines der Geheimnisse seiner Schaffenskraft. Er hat die gleiche Arbeit nie zweimal zu beginnen. Schweitzer strömt Ruhe aus und spornt zugleich zur Arbeit an. An einem späten Abend berichtete ich ihm in seinem Zimmer, es sei soeben als Notfall noch ein Kranker mit eingeklemmtem Leistenbruch angekommen, der operiert werden müsse. Da antwortete mir Dr. Schweitzer

teilnahmsvoll: „Ihr duret mi, ihr müend so vil schaffe. I dank eu vielmol derfür.“ Nach dieser freundlichen Aufmunterung aber fuhr er ernst fort und blieb doch ganz er selbst: „Aber gell, der neu Kolleg söll au cho. Er mueß au wüsse, daß d'Nacht nit zum Schlofe do isch.“
Als einer der Mitarbeiter während seiner letzten Jahre denke ich mit Freude und großer Dankbarkeit an Albert Schweitzer.

Ulrich Neuenschwander
geb. 1922 in Bollingen/Schweiz; Dr. theol., o. Prof. an der ev.-theol. Fakultät der Universität Bern. Er begegnete Albert Schweitzer in Zürich, Basel, Günsbach. Mehrere Schriften seines wissenschaftlichen Werkes setzen sich mit Albert Schweitzer als Theologen auseinander.
U. N. schrieb den Text für die Anthologie.

Begegnung mit Albert Schweitzer als Theologen – heute

Es ist eine allgemeine Erfahrung, daß vieles, was einst umstritten war, später selbstverständlich wird, daß anderes, was Begeisterung weckte, plötzlich veraltet erscheint und wiederum manches, was unbeachtet blieb, unvermittelt neue Aktualität gewinnt.
Nicht anders steht es mit den theologischen Impulsen, die von Albert Schweitzer ausgegangen sind. Wie anstößig schien doch seinerzeit Schweitzers Einsicht, daß Jesus in der Vorstellungswelt der spätjüdischen Apokalyptik lebte und das Kommen des Gottesreiches in der nächsten Zukunft erwartete, so daß das Ausbleiben dieses Ereignisses das frühe Christentum zu einer tiefgreifenden Modifikation seiner Glaubensformen nötigte! Naherwartung, Parusieverzögerung, Enteschatologisierung waren einst, als Albert Schweitzer sie verfocht, umstrittene Begriffe. Heute sind sie alltäglich geworden, und die Grundeinsicht Schweitzers wird von kaum einem ernsthaften Forscher bestritten.
Man könnte also sagen, daß sich Schweitzer durchgesetzt hat. Doch das wäre ungenau. Kaum wird sein Name in positivem Sinne genannt. Wohl sind die Grundideen selbstverständlich geworden, aber die Distanzierung von dem, der sie maßgeblich entdeckte und formulierte, ist untergründig erhalten geblieben. Schweitzer teilt in dieser Hinsicht ein Stück weit das Schicksal von David Friedrich Strauß, über den er – auch fast selbstbiographisch – gesagt hat: „Strauß ist nicht nur ein Zerstörer unhaltbarer Lösungen, sondern auch der Prophet einer kommenden Wissenschaft[1]."
Die Gedanken Schweitzers werden vertreten, indem man seinen Namen verschweigt. Er wird nur da genannt, wo die moderne Forschung über ihn hinausgeschritten ist: in der formgeschichtlichen Analyse der Evangelientexte, die in echter Weise neue Perspektiven eröffnet hat. Angesichts der heutigen Auffassungen über die Texte erscheint Schweitzers These, der Hauptteil des Bestandes der Evangelien nach Matthäus und Markus und insbesondere die Jesusworte seien als historisch zu beurteilen, wie konservativ, ja, veraltet.

So verschieben sich die Fronten. Nicht mehr Schweitzers Entdeckung von der durchgehenden eschatologischen Bestimmtheit Jesu ist als umstürzende Neuerung bestritten, sondern sein Glaube an die Geschichtlichkeit der evangelischen Berichte wird als konservativ kritisiert!
Es scheint aber im ganzen, als ob nicht die Diskussion um die Eschatologie Jesu, die seinerzeit so hohe Wellen warf, das Thema wäre, das bei einer heutigen Begegnung mit dem Theologen Schweitzer das größte aktuelle Interesse fände. Wir lenken unsere Aufmerksamkeit vielmehr auf einen Punkt, in dem Schweitzer mit seinem Denken Entwicklungen vorausgenommen hat, die erst jetzt in der theologischen Öffentlichkeit zur Reife kommen. Die Aktualität dessen, was der damals theologisch Alleinstehende vor Jahrzehnten bereits geäußert hat, ist unübersehbar. Es sind die Gedanken, die um das Wesentliche am Christsein selbst kreisen. Zu seiner Zeit tat man sie als aufklärerisch, als Humanismus, als natürliche Theologie, als ethisches Mißverständnis des Glaubens ab, ebenso wie man sein Werk in Lambarene als „Flucht in die Praxis" abwerten zu können meinte. Es war jene Zeit, in der man darauf Gewicht legte, daß die Kirche Kirche des Wortes zu sein habe. Der Ton lag darauf, daß christlicher Glaube etwas ganz anderes sei als Menschlichkeit, christliche Liebe etwas ganz anderes als Humanität. Es war die Epoche, in der man Christsein und Menschsein einander nicht annäherte, sondern beides möglichst tief voneinander schied, bis die Menschen in der Tat zur Meinung kamen, christlicher Glaube habe mit aktuellem Menschsein nichts mehr zu tun und sei daher im Grunde überflüssig.
Heute hat eine ganz andere Entwicklung die damalige abgelöst. Christsein wird wesentlich als Mitmenschlichkeit verstanden. Theologen wie Herbert Braun gehen sogar so weit, selbst Gott nur noch als eine besondere Weise der Mitmenschlichkeit zu interpretieren. An solchen radikalen Thesen werden die Tendenzen am deutlichsten sichtbar.
Etwas vom Geiste Bonhoeffers ist in die Theologie eingegangen, der geschrieben hat: „Christsein heißt nicht, in einer bestimmten Weise religiös sein, aufgrund irgendeiner Methodik etwas aus sich machen (einen Sünder, Büßer oder einen Heiligen), sondern es heißt Menschsein; nicht einen Menschentypus, sondern den Menschen schafft Christus in uns[2]."
Es ist von geradezu bestürzender theologischer Aktualität, wenn Schweitzer 1905 (!) in einer Predigt über den Text der Berufung der ersten Jünger „Folget mir nach, ich will euch zu Menschenfischern machen!" ausruft: „Wenn mich jemand fragte, warum ich das Christsein für die höchste und einzige Religion halte, würde ich alles, was man so gelernt hat über das Verhältnis und die Rangordnung der Religionen und wie man die Vorzüge der besten herausfindet, getrost hinter den Ofen werfen und nur das eine

sagen: Weil in dem ersten Befehl, den der Herr auf Erden gegeben hat, nur das *eine Wort ‚Mensch'* vorkommt. Er redet nicht von der Religion, vom Glauben, von der Seele oder sonst etwas, sondern einzig von Menschen. *‚Ich will euch zu Menschenfischern machen.'* Da ist's, als sagte er allen kommenden Jarhunderten: Aufs erste gebt mir acht, daß mir der Mensch nicht zugrunde geht! Geht ihm nach, wie ich ihm nachgegangen bin, und findet ihn da, wo die andern ihn nicht mehr finden – im Schmutz, in der Vertiertheit, in der Verachtung – und tut euch zu ihm, bis er wieder ein Mensch ist.
Er hat Religion und Menschlichkeit so zusammengeschweißt, daß es keine Religion mehr gibt, daß sie für ihn nicht existiert ohne die wahre Menschlichkeit und daß die Aufgaben der wahren Menschlichkeit nicht gehört werden können ohne Religion[3]."
In die gleiche Richtung zielt Schweitzers Denken über Jesus und seine Bedeutung für unseren Glauben. Das selbstverständlich Gewordene, daß Jesus in einem vergangenen Weltbild dachte, steht nicht mehr zur Diskussion. Von neuem aktuell aber wird die Art und Weise, in der Schweitzer die Menschlichkeit Jesu zum Tragen bringt. Für das Dogma von der Gottheit Christi hat er nie Interesse gezeigt. Es war ihm ein vergangener Versuch, die Bedeutsamkeit Jesu als des Christus zum Ausdruck zu bringen. Er billigte den alten Hoheitstiteln Jesu nur noch den Rang von „historischen Gleichnissen"[4] zu. In der Nachblüte des dogmatischen Denkens von 1925–1955 erschien Schweitzer deshalb als antiquierter Aufklärer. Nun haben aber auch andere die Menschlichkeit Jesu wiederentdeckt, ganz abgesehen davon, daß sich gegenwärtig der Titel „Aufklärer" nicht mehr so eindeutig mit negativen Assoziationen aufladen läßt.
Das Interesse an Jesus ist zunehmend nicht an dem orientiert, was ihn von uns distanziert, also seine „Gottheit", sondern an dem, was ihn mit uns verbindet, also seine „Menschheit", um die alten dogmatischen Begriffe in diesem Zusammenhang zu erwähnen.
Damit aber hat sich neu die Frage nach Jesu Vollmacht und Autorität gestellt. Christlicher Glaube überzeugt nicht dadurch, daß man supranaturalistisch auf die Göttlichkeit Jesu als den unbezweifelbaren formalen Grund seiner Autorität verweist. Die heutige Zeit mißtraut vorgegebenen formalen Autoritätsansprüchen, besonders, wenn das Vorgegebene seinerseits noch erst glaubhaft gemacht werden muß. Autorität wird nur noch als inhaltlich anerkannt als Überlegenheit, die im Vollzug selbst ihre Echtheit faktisch ausweist.
Wie prophetisch erscheinen unter diesem Aspekt jene berühmten Schlußworte der „Geschichte der Leben-Jesu-Forschung", in denen Schweitzer seine Christologie andeutet und Jesus nicht als den dogmatisch schon of-

fenbaren Gottmenschen, sondern als den Unbekannten und Namenlosen einführt, dessen Autorität erst im Vollzug des Rufes in die Nachfolge und der Nachfolge selbst offenbar wird! „Als ein Unbekannter und Namenloser kommt er zu uns, wie er am Gestade des Sees an jene Männer, die nicht wußten, wer er war, herantrtat. Er sagt dasselbe Wort: Du aber folge mir nach! und stellt uns vor die Aufgaben, die er in unserer Zeit lösen muß. Er gebietet. Und denjenigen, welche ihm gehorchen, Weisen und Unweisen, wird er sich offenbaren in dem, was sie in seiner Gemeinschaft an Frieden, Wirken, Kämpfen und Leiden erleben dürfen, und als ein unaussprechliches Geheimnis werden sie erfahren, wer er ist...[5]"
So bekannt ist dieser Abschnitt, daß man fast zögert, ihn nochmals zu zitieren. Es ist aber unmöglich, an ihm vorbeizugehen, wenn wir Schweitzers Wort an die Menschen von heute überdenken. Es ist, als ob diese Sätze seinerzeit der Zeit vorausgelaufen wären. Erst jetzt hat die Zeit den Vorausschauenden eingeholt. Es drängt sich auf, diese tiefen Worte, die durch Schweitzers eigene Nachfolge noch größeres existentielles Gewicht haben, neu zu hören und zu meditieren. Das Ergriffensein von dem Impuls, der von Jesus ausgeht, ist die heute einzige glaubwürdige Form von christlicher Vollmacht. Gerade im Verzicht auf die metaphysische Ideologisierung der Autorität Jesu, die dann wirklich existentiell zu gebieten vermag. Ins Geheimnis getaucht, weit über jedem moralistischen Mißverständnis des Christentums, vollzieht sich gegenwärtige Glaubenserfahrung. Daß Schweitzer sie Mystik nennt, ist dem Kenner seiner Werke verständlich. Wer diesen Begriff für mißverständlich hält, mag auf ihn verzichten. Er darf nur nicht die damit eröffnete Dimension verlieren und so ins Verflachend-Moralistische fallen. Nichts liegt am Wort, alles am Geist! Die Begegnung mit dem Geiste Albert Schweitzers aber ist nicht eine Begegnung mit einem Vergangenen, sondern mit einem Lebendig-Gegenwärtigen. Die Zeit ist reif für eine neue Begegnung mit der Menschlichkeit Schweitzers! Es wäre für sie von Gewinn, auch eine neue Begegnung mit der Theologie dieses Mannes zu suchen!

1 Albert Schweitzer, Geschichte der Leben-Jesu-Forschung, Tübingen 1913, S. 97.
2 Dietrich Bonhoeffer, Widerstand und Ergebung, ed. E. Bethge, München 1952, S. 244.
3 Albert Schweitzer, Straßburger Predigten, ed. U. Neuenschwander, München 1966, S. 51.
4 Albert Schweitzer, Geschichte der Leben-Jesu-Forschung, S. 642.
5 ebenda

Bernd Otto
geb. 1940 in Dresden, Dr. phil. Lehrer; Thema der Dissertation: „Albert Schweitzers Beitrag zur Friedenspolitik". B. O. wohnt in Lehre; 1971 nahm er am Jugendgespräch in Günsbach teil, 1972 und 1974 weilte er einige Wochen in Lambarene. B. O. schrieb den Text für die Anthologie, gekürzt.

Urzelle der Entwicklungshilfe

Gewalttätigkeit und Terror dringen in unseren Tagen selbst in sorgsam gehütete Inseln des Friedens und der Verständigung ein. Deshalb geht es darum, diese Inseln des Friedens zu vermehren und ihren Geist auf andere Bereiche der Gesellschaft ausstrahlen zu lassen.
Als Insel internationaler Verständigung inmitten des brodelnden Kontinents Afrika kann das Albert-Schweitzer-Hospital in Lambarene bezeichnet werden; denn Menschen verschiedenster Nationalität sind dort als Kranke oder Helfer, und sie erfahren tagtäglich, wie man friedlich zusammenarbeitet und lebt.
Sind es zu große Worte, wenn man vom Spital in Lambarene als der Urzelle der Entwicklungshilfe gesprochen hat? Wohl kaum, wenn man bedenkt, daß dort seit seiner Gründung Entwicklungshilfe praktiziert wird. In bezug auf deren gegenwärtige Problematik kann es ebenfalls als Modell angesehen werden. In den Industrieländern setzt sich – wenn auch langsam – die Auffassung durch, daß die bloße Steigerung wirtschaftlicher Wachstumsraten kein erstrebenswertes Ziel ist, wenn sie zu Lasten körperlicher und seelischer Gesundheit erkauft werden. Das Problem des Aufholens, d. h., daß die Entwicklungsländer Anschluß an die Lebens- und Produktionsformen der Industrieländer finden sollen, ist heute schon weitgehend diskreditiert. Wenn gefordert wird, daß in den Entwicklungsländern Ernährung, Bekleidung und Wohnung gesichert werden müssen, aber gleichzeitig eingeschränkt wird, daß das nicht bedeutet, den Absatz tiefgefrorener Hähnchen in Afrika zu propagieren, Komfortwohnungn zu bauen, Gesundheitsfürsorge so zu betreiben, daß für jeden ein erstklassiger Chirurg und ein ganz modernes Krankenhaus zur Verfügung steht, so wird damit bestätigt, was Schweitzer anstrebte. So gesehen, könnte manche seiner Äußerungen als Begründung des modernen Entwicklungshilfeprogramms verstanden werden.
Es erhebt sich nun die Frage, was in Zukunft aus Lambarene werden soll. – Es wird sich wandeln müssen, wie es sich während der fast sechzig Jahre

seines Bestehens gewandelt hat; aber es wird Vorbild für viele Liebeswerke bleiben. Wahrscheinlich wird es in Zukunft kaum noch möglich sein, ohne Unterstützung vom Staate solch ein Unternehmen am Leben zu erhalten. Gibt man aber – im Rahmen einer caritativen Organisation vielleicht! – persönlicher Einsatzfreude nicht genügend Raum, so wird dies auf Kosten der Unmittelbarkeit des Helfens gehen, d. h., Routine und Bürokratie werden an seine Stelle treten.
Daß dies nicht zur Forderung des Tages werde, dafür muß Lambarene ein Symbol bleiben!

Dominique Georges Pire
geb. 1910 in Dinant, gest. 1969 in Louvain. Dr. theol. Pater Pire setzte sich in hervorragender Weise für Heimatlose ein und gründete zu diesem Zweck sechs „Europadörfer". 1958 erhielt er den Friedensnobelpreis. 1959 begründete er „Die Welt des offenen Herzens", eine Vereinigung, die durch den brüderlichen Dialog den Frieden in der Welt fördern will. Im gleichen Jahre begegnete er Albert Schweitzer in Günsbach.
Aus „Universitas", 15. Jg., Tübingen 1960.

Aus dem Gespräch mit Dr. Albert Schweitzer über den Frieden, 1959

„Ich glaube an die Zukunft dieser
Zeit, aber wir müssen sie bauen."
Albert Schweitzer.

Schon mehrere Jahre stand ich mit Dr. Schweitzer in Verbindung, als ich mich entschloß, ihn im September 1959 in seiner Heimat in Günsbach aufzusuchen. Ich möchte hier nicht den Eindruck beschreiben, den ich von Dr. Schweitzer hatte, von seiner Lebensweise, der Art, wie er das Gespräch führt ... Ich ziehe es vor, über einige Gedanken des Gesprächs zu berichten. Die Hauptideen Dr. Schweitzers zum Problem des Friedens lassen sich zusammenfassen:
Wir müssen mit aller Kraft gegen die Vorurteile kämpfen, die zwischen den einzelnen Ländern und den einzelnen Menschen bestehen. „Wir dürfen nicht all das glauben, was man uns von denen sagt, die nicht unserer Meinung sind. Die Kritik macht die, die man kritisiert, nicht besser. Wir dürfen niemals über Gegner Gerüchte verbreiten, wir dürfen ihnen niemals böse Absichten unterstellen ..."
Albert Schweitzer kämpfte als Arzt und Denker gegen die atomaren Versuche, selbst wenn diese durch wissenschaftliche Ziele gerechtfertigt sein sollten ...
Dr. Schweitzer besteht darauf – und hier verbindet sich seine Idee mit der unserer Bewegung, der „Monde du Cœur" –, daß wir all unsere Kraft einsetzen müssen, der Welt ein „menschliches Antlitz" zu geben. „Terror hat Gegenterror zur Folge." Wir alle sind in irgendeiner Weise unmenschlich. Die „Menschenrechte" sind die Grundlage, auf der sich aufbauen läßt ...

Timothy Rhee
geb. 1922 in Seoul/Südkorea; Superintendent und Arzt. Er arbeitete 1959 für 3 Monate in der Leprastation in Lambarene. 1961 gründete er das Ullong-Do-Hospital in Südkorea, das er noch heute leitet.
Text aus einem Brief v. 30. 12. 72 an die Herausgeberin der Anthologie.

Wie mein Traum verwirklicht wurde

„Einem Wassertropfen sieht man keine Macht an. Wenn er aber in den Felsspalt gelangt und dort Eis wird, sprengt er den Fels, als Dampf treibt er den Kolben der Maschine."
Mit 17 Jahren las ich diese Textstelle in einem Buch von Albert Schweitzer, und schon damals entschloß ich mich, einmal eine ähnliche Aufgabe wie Schweitzer zu erfüllen.
20 Jahre später wurde ich – damals Theologe und Arzt – von ihm gebeten, nach Lambarene zu kommen, um dort für die Leprösen zu arbeiten. Im Februar 1959 kam ich dort an; ich blieb ein Vierteljahr.
Während dieser Zeit mußte ich täglich 182 Lepröse betreuen. Einmal wollte ich die leprösen Kinder erfreuen, machte ihnen eine Schaukel und befestigte sie mit Stricken an einem Baum. Die Kleinen waren glücklich; aber Dr. Schweitzer gebot, die Stricke aus dem Baum herauszunehmen, da doch der Baum darunter litte und schließlich verdorren müsse. Da war ich ein wenig beschämt, verstand es dann aber doch, war ich ja an der Stätte, wo der Gedanke der Ehrfurcht vor dem Leben verwirklicht wurde.
Gelegentlich bat mich Dr. Schweitzer nach dem Essen in sein Zimmer, um mit mir über den Krieg in Korea und über orientalische Philosophie zu sprechen. Der Buddhismus schien ihm zu sehr Mysterium, aber die Lehre des Konfuzius offenbarte ihm ethische Weisheit, und so zog er die orientalische Philosophie der indischen vor.
Von Lambarene reiste ich dann nach Amerika, um meine Kenntnisse über die Behandlung der Lepra zu vervollkommnen; dann kehrte ich heim. Nach allem, was ich in Lambarene gesehen und gehört hatte, war ich jetzt entschlossen, nach Ullong-Do, einer kleinen Insel in Korea, zu gehen.
Die Kirche in Seoul, die ich bis dahin betreut hatte, vertraute ich einem Pfarrer an; ich verkaufte mein Haus und meinen Garten, und mit dem Gelde baute ich das Ullong-Do-Hospital. Als ich Dr. Schweitzer mitteilte, daß ich mit meiner Familie von Seoul weggehen wollte, riet er mir, doch an die Erziehung meiner Kinder zu denken; doch bestärkte er mich im Glauben,

daß es sehr gut ist, an einem vergessenen Fleckchen Erde zu arbeiten. Von der Insel schrieb ich Dr. Schweitzer erneut, und er antwortete: „Wieviel mußt Du ertragen! Hast Du Probleme? Sag sie mir, und ich werde Anteil daran nehmen und versuchen, sie gemeinsam mit Dir zu lösen!" Welch brüderliche Liebe! So gestärkt, konnten wir singen, obgleich wir ein Kreuz zu tragen hatten!

Ich unterrichtete Dr. Schweitzer über all die Schwierigkeiten, die ich hatte, wie es ein Sohn mit seinem Vater tut. Er schickte mir 500 Dollar, von denen ich ein Haus für vier Betten baute; ich nannte es „Schweitzer-Haus". Dann schrieb Dr. Schweitzer an die Weltkirchenhilfe in New York und bat um Hilfe für mich; sie wurde mir von 1962–1971 zuteil.

Jetzt arbeite ich seit 11 Jahren auf der Insel; viel wurde inzwischen zum Nutzen der Inselbewohner getan.

Die Furcht vor einem Krieg liegt schwer auf uns. Wir spüren, wie Menschlichkeit durch gewinnsüchtige Selbstsucht erstickt wird. Dennoch bin ich überzeugt, daß die Hoffnung der Menschen wieder größer wird, wenn Dr. Schweitzers Gedanken in die Tat umgesetzt werden. Ehrfurcht vor dem Leben heißt, daß einer des anderen Leben achtet und daß er dies durch sein Handeln beweist.

Was mich angeht, so möchte ich auf der kleinen Insel in Korea, einem nur winzigen Teil dieser Erde, für Schweitzers Lehre eintreten und kämpfen gegen Unwissenheit, Krankheit, Aberglauben und Armut!

Romain Rolland
geb. 1866 in Clamecy, gest. 1944 in Vézelay; Dichter, erhielt 1915 den Nobelpreis. Er begegnete Schweitzer 1906, 1922, 1927.
Aus „Hommage à Albert Schweitzer pour son quatre-vingtième anniversaire", Diffusion le Guide, Paris 1955.

Schweitzer, ein Ausnahmemensch

10. März 1922

Besuch von Albert Schweitzer, den ich seit mehr als acht Jahren nicht mehr gesehen habe. Sein Leben in Äquatorialafrika hat an ihm kaum Spuren hinterlassen. Dieser robuste Elsässer, sehr groß, breit, athletisch und leutselig, verfügt über eine prächtige Gesundheit. Er erinnert mich an Nansen. Beide sind Männer, die wie Pneu-Michelin das Hindernis suchen. Schwierigkeiten scheinen ihrer Gesundheit förderlich. Sein Werk wurde durch den Krieg zerstört, seine Krankenbaracken in Lambarene (Gabon) wurden niedergerissen. Er macht sich freudig an die Arbeit, sie wieder aufzubauen. In Europa will er 100 000 frs. sammeln durch Konzerte und Vorträge (er ist Musiker, Theologe, Mediziner) in Skandinavien, England und der Schweiz. Zwischen den Reisen nach London und Stockholm verbringt er nur zwei Tage in Paris. Kommenden Oktober will er für drei Jahre nach Lambarene zurückkehren.
Um sich zu zerstreuen, schreibt er in der Zwischenzeit ein großes Buch über Philosophie, worin er die metaphysischen Ideale des heutigen Europa kritisert und eine neue Lebensphilosophie aufstellt.

Harald Steffahn
geb. 1930 in Berlin; Dr. phil., Journalist in Hamburg. Er besuchte Albert Schweitzer zweimal in Lambarene.
Aus „Du aber folge mir nach – Albert Schweitzers Werk und Wirkung", Haupt, Bern 1974.

Im Widerspruch zum Zeitgeist

Wie läßt sich erklären, daß dieser Gelehrte, Künstler und Arzt Albert Schweitzer, der sich seit der Lebensmitte doch gar nicht mehr verändert hatte, erst im Alter einem aus den Fugen geratenen Geschlecht eine Art geistiger Mitte und einen Ruhepunkt des Denkens gab?
Eine Kraft wirkt nicht immer und überall einfach dadurch, daß sie Kraft ist. Nicht jeder wird zu jeder Zeit gehört. Vielmehr müssen bestimmte Umweltsbedingungen da sein, durch die ein Spannungsverhältnis entsteht. Es gibt Menschen von unbezweifelbarem Rang, die – gemessen an der bestmöglichen Verwirklichung ihrer Persönlichkeit – zu früh oder zu spät geboren sind, und solche, die wie ein Thronfolger in ihre Rechte treten, wenn ihre Zeit, mitunter sehr spät, gekommen ist.
Bei Albert Schweitzer – schon in der Mitte der Siebzig – war es so, daß eine verstörte Zivilisation seine Existenz mit einemmal als so trostreich erkannte, daß sie ihn nach jahrzehntelanger stiller Arbeit im tropischen Regenwald plötzlich wie einen guten Hausarzt an ihr Krankenbett rief.
Die Völker hatte nach dem Zweiten Weltkrieg mehr als nach dem Ersten tiefe Ratlosigkeit erfaßt, wie die moralische Verwüstung zu überwinden sei. In Programmen und Resolutionen suchten sie Zuflucht, ohne dem Grundübel beizukommen, weil die Gesinnungen überdies noch weltanschaulich – politsch gespalten waren.
Daß inmitten solch hilflosen Treibens und einer „beispiellosen geistigen Verelendung" (Schweitzer) einer sichtbar wurde, der ohne Programm sich selber einsetzte – und dies schon seit vierzig Jahren –, der die Naturschutzgebiete der menschlichen Gleichgültigkeit unnachsichtig zum Kulturland erklärte und zugleich selber den Pflug in die Hand nahm, der also tat, was er sagte und denkerisch begründete, was er tat, der den Sinn der Entwicklungshilfe schon ein halbes Jahrhundert vor der Erfindung des Begriffes mit Inhalt erfüllt und dafür Europas Bequemlichkeiten und einen beruflichen Erfolgsweg aufgegeben hatte, der den Besten seiner Zeit ihre besten Absichten vorlebte und eine Unzahl aufgedonnerter Belanglosig-

keiten durch sein bloßes Vorhandensein auf ihr gerechtes Maß reduzierte –: daß all dies in diesem Menschen Ereignis wurde, empfanden weite Kreise als wahre Befreiung.
Und noch etwas war, speziell in Deutschland, nicht einflußlos: Zwölf Jahre lang hatten sich Herrenmenschen breitgemacht; erstaunt und augenreibend gewahrte man einen Diener. Die Ehrfurcht vor dem Leben war die große, aufbauende Antithese, nachdem Leben so wenig gegolten hatte. Man muß sich all dies vor Augen halten, um dem Zeitalter diagnostisch näherzukommen und Schweitzers Bedeutung für die Welt, die er im Alter erlebte, zu erkennen: Was längst in ihm vereinigt und für viele auch gar nicht unsichtbar vorgelebt war, wurde plötzlich in diesem gequälten und ratlosen, von Selbstsucht und Phrase, von Lüge und Gewalttätigkeit mißhandelten Jahrhundert evident.
Die Bedürftigkeit für solches Menschentum lag lange vor, aber erst eine zweite Katastrophe hat sie erkennbar werden lassen und Schweitzers Vorbild zum Aufleuchten gebracht. Als ein um 30 Jahre erfahrener gewordenes Weltverständnis sich verarmt und heruntergekommen wiedererkannte, wurde in diesem Werdegang erst richtig die exemplarische Leistung erkannt.
Von Albert Schweitzer drang anderthalb Jahrzehnte eine Vibration in die Welt hinaus, die sich bei ungezählten Zeitgenossen geistverändernd ausgewirkt hat. Das erstaunlichste ist, daß dies einem Mann widerfuhr, der einst hinaus in die Stille und Einsamkeit gezogen war; der sich in „vollständigem Widerspruch" zum Geist der Zeit wußte und der nie das gefährliche Glitzerding der Popularität sicher zu handhaben gewußt hat; der darin immer wieder seine Schüchternheit bekämpfen mußte und auch in weiteren neunzig Jahren nicht gelernt hätte, abgebrüht zu sein.
Schweitzer selber schrieb seinen überragenden Einfluß in den Fünfziger Jahren der „Ehrfurcht vor dem Leben" zu, wobei er den Begriff meinte, das vorgelebte Beispiel aber bescheiden unterschlug: Es sei in der Welt Sehnsucht nach einer Geistigkeit der Humanität vorhanden, schrieb er an Werner Picht. „Mir ist zuteil geworden, das Wort zu finden, das dieser Sehnsucht entgegenkommt, ein Dunkel erhellt."

Josef Stockhausen
geb. 1918 in Elspe/Westf., Prof. Dr. med., Hauptgeschäftsführer der Bundesärztekammer u. des Deutschen Ärztetages. Im November 1972 besuchte er mit einer Gruppe deutscher Ärzte das Schweitzer-Spital in Lambarene.
J. St. schrieb den Text für die Anthologie, gekürzt.

Leitbild ärztlichen Tuns

Zur öffentlichen Würdigung beispielhafter ärztlicher Leistungen wurde durch den Deutschen Ärztetag 1951 die Paracelsus-Medaille der deutschen Ärzteschaft gestiftet. Nach ihrem Statut wird sie alljährlich an höchstens drei um die Medizin, das Gesundheitswesen und ihre Patienten besonders hochverdienten Ärzte verliehen. Einer der ersten, denen die Paracelsus-Medaille angetragen und vor dem Deutschen Ärztetag 1952 in Berlin verliehen wurde, war Albert Schweitzer. Mit seiner Auszeichnung sollten die Persönlichkeit wie das Werk dieses großen Arztes und darüber hinaus die Art ärztlicher Haltung und ärztlichen Wirkens öffentlich gewürdigt werden, die nach Meinung der Ärzteschaft Leitbild für ärztliches Tun im besten Sinne des Wortes sein sollten.
In der Laudatio heißt es u. a.: „... durch aufopferungsvolle und unermüdliche Arbeit im einzigartigen Hospital von Lambarene hat Albert Schweitzer die starken Kräfte seines gütigen Herzens und seines umfassenden Geistes dem Wohl der Kranken gewidmet."
Im gleichen Sinne hat sich der Präsident der Bundesärztekammer und des Deutschen Ärztetages zum 85. Geburtstage Schweitzers zu dessen beispielhafter Haltung bekannt, die weit über den ärztlichen Bereich hinaus im Ethischen wirke und die die Ärzteschaft Deutschlands und der Welt mit einem Gefühl tiefer Dankbarkeit und großer Verpflichtung erfülle: „Wir Ärzte sind stolz über ein so sichtbares Beispiel ärztlicher Pflichterfüllung, wie es Albert Schweitzer ein Leben lang vorgelebt hat."
Wie für Albert Schweitzer diese Erfüllung selbst auferlegter ärztlicher Pflicht aussah, läßt am besten sein Grußtelegramm an den 64. Deutschen Ärztetag 1961 erkennen: „Wie lieb von Ihnen, mich zum Ärztetag einzuladen! Wie gern käme ich; aber die Arbeit erlaubt es nicht. Mein Spital bedarf meiner ..." – Und in einem Brief von 1964 schreibt er u. a.: „... Tatsächlich muß ich mich glücklich schätzen, im Alter noch meine Arbeit ungehemmt tun zu können ... Ich weiß nicht, ob ich noch einmal nach Europa kommen werde. Zum letzten Mal tat ich es im Herbst 1959. Aber ich habe hier noch

so viel zu tun, daß ich nicht auf Reisen gehen kann. Über die Pflicht redet Kant sehr ernstlich, und ein bißchen Philosoph bin ich auch im Urwald geblieben ..."

Für die Bundesärztekammer zählt dieser Brief zu ihren Kostbarkeiten, Kostbarkeiten, die daran erinnern, wie groß und schön ein erfülltes ärztliches Leben sein kann.

Wenn ich es recht bedenke, waren dies im wesentlichen die Gedanken, die mich bewegten, als ich im November 1972 mit einer Gruppe deutscher Kollegen am Grabe dieses wahrhaft großen Mannes, wunderschön gelegen auf den Hügeln über dem Ogowe und inmitten seines geliebten Hospitals, stand. Augenblicke im Leben eines Menschen, die man nicht vergißt, auch nicht missen möchte.

Max Tau
geb. 1897 in Beuthen/Oberschlesien, ist jezt als Verleger in Oslo tätig, Herausgeber der „Internationalen Friedensbilbliothek". Er erhielt als erster den Friedenspreis deutscher Verleger.
Aus „Albert Schweitzer und der Friede", Meiner, Hamburg 1955.

Wegbereiter des Friedens

Wer Albert Schweitzer feiern will, der muß sich mit allem, was ihm eigen, zum Menschen bekennen. Die meisten schauen erstaunt auf die Erfindungen. Sie sehen zu ihnen wie zu Wundern auf, aber sie haben die Kraft, die das Wunder des Menschlichen in sich trägt, nämlich auszugleichen und Frieden zu verbreiten, noch nicht entdeckt. Die Erfindungen sind bereits über die Kräfte des Menschen hinausgewachsen; er sieht in ihnen Vernichtungen, sie erzeugen die Angst vor dem Morgen, und keiner sieht einen Ausweg. Viele sind bekümmert und fragen: Sollen wieder alle Opfer vergebens und alle Leiden umsonst gelitten sein? Die Jugend wartet. Noch flackert in ihren Augen das Erlebnis des Krieges. Sie sucht nach einem Weg, der aus der Angst herausführt, der ihr das Leben lebenswert macht. Seit Beginn unseres Jahrhunderts haben die Schriftsteller und Philosophen der Macht gehuldigt oder in den Visionen des Untergangs die Vernichtung vorausgesagt. Albert Schweitzer hat die Verhältnisse, in denen wir leben, mit dem visionären Blick des Dichters und mit dem durchleuchtenden des Forschers dargestellt, aber er hat eine andere Konsequenz daraus gezogen. Die anderen erzählten und zeigten uns, wofür wir sterben sollen. Albert Schweitzer erkannte nicht nur, sondern bewies durch sein Leben, wofür es sich zu leben lohnt. Noch zittert in den meisten die Angst vor dem Kommenden. Noch sind die meisten, denen das Materielle die Blickrichtung verengt, davon überzeugt, daß nichts nützen kann. Aber er gibt eine Hoffnung und Erneuerung. Sie kann nur durch uns selbst und im Geiste geboren werden. Das hat uns Albert Schweitzer gelehrt. Wenn man einmal die Geschichte unseres Jahrhunderts schreiben wird, dann bin ich gewiß, daß man auch die Legende Albert Schweitzers schreiben muß. Viel habe ich im Leben geträumt, oft stiegen meine Hoffnungen zum Himmel, aber alles Hoffen und alles Träumen wurde übertroffen von dem, was sich in den Novembertagen 1954 in Oslo ereignete. Der neunundsiebzigjährige Albert Schweitzer kam nach Norwegen, um seiner Pflicht zu genügen. Er sollte, den Satzungen der Nobelstiftung gemäß, seinen Vortrag über die

Probleme des Friedens halten. Was geschah aber? Von dem Augenblick an, wo er Oslo betrat, waren alle von einer einzigen Begeisterung des Herzens erfüllt. „Er ist der größte, der heute lebt!" so rief die Jugend. Ein Schriftsteller schrieb nach dem Presseempfang begeistert: „Es wurde wenig von Gott gesprochen, aber um so stärker fühlte man Gottes Geist im Raum." Die Eltern brachten die Kinder mit. Sie trugen die Kleinen auf den Armen und hoben sie hoch. Als im überfüllten Rathaussaal die Jugend Albert Schweitzer huldigte, war draußen ein nebelumflorter Novembertag. Die Studenten hatten beschlossen, Albert Schweitzer durch einen Fackelzug zu ehren. Albert und Helene Schweitzer standen auf dem Balkon des Rathauses. In ihren Zügen spiegelte sich das gleiche: die Vollendung des Reifens und die Demut vor dem Lebendigen. Langsam tauchten die ersten jungen Menschen auf. Zuerst sah man zwei Fackeln, und dann glaubte man, in ein Meer von Licht zu schauen. Nicht gerufen, sondern unorganisiert hatten sich die über dreißigtausend Menschen vor dem Rathaus eingefunden. Keiner schrie; ein jeder stand für sich, andachtsvoll schaute er auf, und es war, als ob Albert Schweitzer auf die Menschheit schaute; aber ein jeder, der unten stand, fühlte, daß Schweitzer ihn ansah. Es war anders als bei einer Siegesfeier, bei der man Hurra schreit und gar nicht laut genug schreien kann. Die Jugend und die Alten, sie standen bewegt da, und dann geschah es: Keiner hatte es bestimmt, aber einer begann zu singen, und alle stimmten ein in den Choral, der wie ein Flehen zum Himmel hinaufklang: „Herrlich ist die Erde ...". Und dann sangen sie weiter: „Kämpfe für alles, was du liebst ...".

In drei Tagen sammelte das norwegische Volk 315000 Kronen für Lambaréné. Ein jeder wurde sich bewußt, daß Albert Schweitzer durch seinen Besuch die Atmosphäre von Grund auf verändert hatte. Es war gleichsam, als ob alle Menschen des Landes sich vereint und sich in einer einzigen Familie des Verstehens und der Liebe wiedergefunden hatten. Die Jugend und das Alter, sie feierten nicht nur den großen Arzt aus dem Urwald, den Menschenhelfer, den bedeutenden Bachspieler und Theologen; sie wollten einen Schutzengel für das Menschliche feiern – Albert Schweitzer –, den einzigen Menschen, der das Wort „Friede" aussprechen darf und ihm dadurch von neuem seinen Sinn und seinen wirklich tiefen Gehalt verleiht. Was sich in Oslo ereignet hat, kann – dessen bin ich sicher – heute in Berlin und morgen überall geschehen. Die bösen und die guten Kräfte wirken im Leben. Nur das Menschliche vermag auszugleichen, damit der Mensch unter dem Himmel des Friedens leben kann. Wir müsen uns öffnen, und wir müssen versuchen, unseren Blick für den Frieden vorzubereiten.

Wollen wir Albert Schweitzer feiern, so müssen wir uns dankbar zum Menschlichen bekennen. Wir müssen umkehren, sühnen und vergeben;

versöhnen, um den Weg für den Frieden zu bereiten. Wir müssen die Jugend finden und in dem Glauben, daß wir dazu berufen sind, Wegbereiter des Friedens sein, im Geiste von Albert Schweitzer leben, wirken und uns entfalten.

Johannes Vandenrath
geb. 1922 in Eupen, Dr. phil., Direktor der Deutschen Bibliothek in Mailand. Organisator des 2. Albert Schweitzer-Gesprächs im April 1971 in Mailand.
J. V. schrieb den Text für die Anthologie.

Wege zur Verwirklichung der Ethik Albert Schweitzers

Allzu vielen Menschen ist Albert Schweitzer nur als Urwalddoktor und Freund der Tiere bekannt. Daß seinem von Mitleid bestimmten Verhalten Mitmenschen und Tieren gegenüber eine geistige Einstellung zugrunde lag, die er in dem Ringen eines ganzen Lebens erarbeitete, wissen sie nicht. Die meisten wissen nicht einmal, daß Schweitzer seiner Grundlage nach Wissenschaftler war, d. h., ein Mensch, der das Bedürfnis hatte, sich mit geistigen Phänomenen auseinanderzusetzen, Informationsdaten systematisch zu sammeln und die Welt vom Intellekt her zu durchdringen und zu gestalten. Nur das haben sie vielleicht einmal gehört, daß sein Ausgangspunkt theologische Fragestellung war. Verantwortlich für diese oberflächliche und einseitige Vorstellung ist die Illustriertenpresse, die vor allem anläßlich der Verleihung des Friedensnobelpreises 1954[1] ein Bild des Urwalddoktors gezeichnet hat, das sich den Massen einprägte. Es war freilich leichter, Flugzeuge zu besteigen, nach Lambarene zu fliegen und dort Photoaufnahmen und ein paar flüchtige Interviews zu machen als die „Geschichte der Leben-Jesu-Forschung", die „Mystik des Apostels Paulus" oder „Kultur und Ethik" zu lesen.

Daß die praktische Tätigkeit als Arzt unter den härtesten Bedingungen im afrikanischen Urwald zum Bilde Albert Schweitzers gehört, stimmt. Dies ist sogar wesentlich, da das Charakteristische an Schweitzer, ähnlich übrigens wie bei seinem Zeitgenossen Lenin, darin lag, daß Denken und Handeln eine unlösbare Einheit bildeten. Sein Denken bestimmte sein Verhalten, und sein Tun löste neues Denken aus. Ein Stubengelehrter oder Kathederapostel war Schweitzer eben nicht. Bis zuletzt galt ein übervolles Tagespensum der Bewältigung praktischer Lebensaufgaben. Aber neben der Fülle von praktischen Tätigkeit ging ständig die geistige Arbeit, die sich in den Büchern und in den Briefen niederschlug, einher. Will man Schweitzer gerecht werden, so muß man seine Schriftten wie sein Handeln gleichermaßen zur Kenntnis nehmen und beide in ihrem gegenseitigen Verhältnis betrachten.

Daher hat auch die Frage, ob die Ethik Albert Schweitzers ohne Bezug auf die „charismatische Persönlichkeit" auf ihre Wirksamkeit geprüft und bewertet werden könne, etwas Abstraktes und Theoretisches. Schweitzer selber muß sich der Bedeutung der Persönlichkeit und des beispielhaften Verhaltens bewußt gewesen sein. Sicher war ihm klar, daß seine Lehre nur dann überzeugend wirkt, wenn sie von dem Verkünder selber gelebt wird. „Niemand hat eine größere Liebe, als wer sein Leben gibt für die Seinen."

Albert Schweitzer hat für die Generation der heute Fünfzig- und Sechzigjährigen unendlich viel bedeutet. Die Gefahr besteht aber, daß er von den nachrückenden Generationen nicht mehr zur Kenntnis genommen wird, da er als Vorbild von Lenin, Mao Tse-Tung, Fidel Castro und Guevara abgelöst worden ist, wie der Kultusminister von Baden-Württemberg, Professor Wilhelm Hahn, bei seinem Vortrag am Vorabend des Albert Schweitzer-Gespräches in Mailand am 2. April 1971 sagte. (Die später folgenden Generationen werden sich dann wieder andere, sie ansprechende Persönlichkeitsleitbilder suchen.) Dabei ist zu bedenken: Schweitzer hat immer mit Heftigkeit einen Kult um seine Person abgelehnt. Obwohl er sich der Bedeutung des persönlichen Vorbildes bewußt war, ging es ihm nicht um seine Person, sondern immer um einen anderen, um Jesus.

Nun erhebt sich die Frage, was getan werden kann, um die ethischen Gedanken Albert Schweitzers lebendig zu erhalten und womöglich gar in die Wirklichkeit umzusetzen.

Wie sieht diese Wirklichkeit aus?

Unsere Großstädte sind dabei, zu einer Art Menschendschungel zu werden, in denen brutal das Gesetz des Stärkeren herrscht, in denen täglich überfallen und geschossen wird. Die Beziehungen zwischen den Nationen stehen nach wie vor unter dem Zeichen der Androhung der Gewalt. Der Unterschied zu früheren Zeiten liegt nur darin, daß die Vernichtungstechnik so weit entwickelt ist, daß ein Krieg zwischen den Großmächten vermutlich den größten Teil, wenn nicht das ganze Leben auf der Erde auslöschen würde. Nur das Ausmaß der Zerstörung hält die Machthaber davon ab, ihre grausigen Mittel einzusetzen. Statt dessen toben in verschiedenen Teilen der Welt lokal begrenzte Konflikte und Guerillakämpfe. Nach den Berechnungen von Zeithistorikern haben seit 1945 55 Kriege stattgefunden.

Der Drohung mit der Gewalt und ihrer Anwendung liegt psychologisch die gestaute Aggressivität der Einzelmenschen zugrunde, die nach wie vor der Erhellung durch die Psychologie bedarf. Daher ist eine der zentralen Fragen, denen sich die verantwortlich denkende Menschheit heute gegenübersieht, die, ob wir uns mit dieser Aggressivität als einer unabänderlichen Notwendigkeit, der auf keiner Weise beizukommen ist, abzufinden

haben oder ob es Mittel und Wege gibt, die Antriebsüberschüsse zu steuern und in Grenzen zu halten, so daß ein menschliches Zusammenleben, wie es Albert Schweitzer und den anderen Lehrern der Gewaltlosigkeit vorschwebte, möglich wird.
Zu der Aggressivität, die die zwischenmenschlichen und zwischenstaatlichen Beziehungen beherrscht, kommt jetzt die Bedrohung, der sich das menschliche, tierische und pflanzliche Leben auf der Erde durch die negative Veränderung der Umweltbedingungen ausgesetzt sieht, ebenso wie die von Biochemikern in Laboratorien vorbereiteten „Eingriffe in das Leben" (Hoimar von Ditfurth).
Diese angedeutete Analyse der Weltsituation führt zu der Frage, ob die ethische Lehre Albert Schweitzers ein Instrument bildet, mit dessen Hilfe die Welt in seinem Sinne verändert werden kann. Sind die von ihm entwickelten Grundsätze, vor allem der Fundamentalsatz von der Ehrfurcht vor dem Leben, so gültig, wie sie ihm selber erschienen? Wenn sie gültig sind, sind sie dann vielleicht nicht genügend bekannt? Wie weit sind sie bisher wirksam geworden? Hat ihr Einfluß sich auf einzelne Gutgesinnte beschränkt, die zudem noch machtlos sind und daher keine tiefere Wirkung auslösen können?
Diese Fragen, die sich heute angesichts der Weltlage stellen, bedürfen einer Beantwortung, wenn der Versuch gemacht werden soll, das Denken und Handeln Albert Schweitzers vor dem Vergessenwerden, dem Versinken im Schlund der Geschichte, zu schützen.
Konkret ist zu prüfen, was getan werden kann, um die Gedanken und Forderungen Albert Schweitzers überhaupt vor dem Vergessen zu bewahren. Als ein wirksames Instrument haben sich die „Albert Schweitzer-Gespräche" erwiesen, von denen eines am 14. und 15. Oktober 1967 in Basel und ein zweites am 3. und 4. April 1971 in Mailand stattfand. Es kamen jeweils Wissenschaftler verschiedener Disziplinen (Philosophen, Theologen, Mediziner und Naturwissenschaftler) zusammen, um das ethische Denken Schweitzers kritisch zu prüfen. Dem Mailänder Gespräch lag das Anliegen zugrunde, sehr konkret danach zu fragen, ob die Formel von der Ehrfurcht vor dem Leben erschöpfend ist, um eine neue Ethik zu begründen. Es kann in einer derartigen Diskussion keinen Abschluß geben. Wichtig ist, daß die Forderungen und Mahnungen Schweitzers im Gespräch bleiben und vor allem an die Jugend herangetragen werden. In dieser Hinsicht ist in Günsbach ein verheißungsvoller Anfang gesetzt worden, wo vom 1. bis 3. Oktober 1971 20 jungen Menschen zusammenkamen, um offen und unbefangen über die Lage des heutigen jungen Menschen zu sprechen und sich zu fragen, nach welchen Kriterien er sein Verhalten ausrichten soll. Es ist zu wünschen, daß derartige Begegnungen an verschiedenen Orten und in

größerer Zahl stattfinden. Es wird dann abzuwarten bleiben, wie lebensfähig die Gedanken Schweitzers sind und ob sie sich als geeignet erweisen, endlich eine bessere Zukunft für den Menschen heraufzuführen.

1 1952 offiziell verliehen, 1954 persönlich in Oslo überreicht.

Lene Wenzel
Beitrag von der Herausgeberin der Anthologie.

Albert Schweitzers Begegnung mit Goethe

Albert Schweitzer ist fraglos eine der markantesten Persönlichkeiten unseres Jahrhunderts. Ihm begegnete Goethe in seinem Leben und Denken, und so lohnt es sich, eine Brücke zu schlagen von Lambarene nach Weimar und von Weimar nach Lambarene, zwei Stätten, wo die „Forderung des Tages"[1] Erfüllung fand.
Goethe und Schweitzer, beide setzen ein hohes, allverbindliches Maß. Wie sich im Hinblick auf dieses Ziel ihre Gedanken im allgemeinen und einzelnen begegnen, das möchte ich aufzuzeigen versuchen.
Zunächst ist es, wie Schweitzer in seiner Goethe-Rede 1928 feststellte, das verwandte Erleben der Welt, woraus sich ein entsprechendes Wirken für die Welt ableitet:
„Alles, was Goethe uns bietet, ist in Gedanken und Geschehen Erlebtes, das er zur höheren Wirklichkeit gestaltet. Nur in dem Erlebten wird er uns aus dem Fremden ein Vertrauter, mit dem wir uns in ehrerbietiger Freundschaft verbunden fühlen."[2]
Durch diese Aussage wird man erinnert an ein Wort aus der „Leben-Jesu-Forschung":
„Als ein Unbekannter kommt er zu uns, wie er am Gestade des Sees an jene Männer, die nicht wußten, wer er war, herantrat. Und er sagt dasselbe Wort: Du aber folge mir nach! Und denjenigen, Weisen und Unweisen, wird er sich offenbaren in dem, was sie in seiner Gemeinschaft an Frieden, Wirken, Kämpfen und Leiden erleben dürfen, und als unaussprechliches Geheimnis werden sie erfahren, wer er ist."[3]
Deutlich zeigt sich aber der Unterschied: Goethe ist Helfer, kein Erlöser. Eine Stelle in Schweitzers Goethe-Reden unterstreicht dies:
„So habe ich Wochen und Monate im Urwald gestanden, mich mit widerspenstigen Arbeitern abquälend, dem Urwald fruchtbares Land abzugewinnen. Wenn ich ganz verzweifelt war, da dachte ich dran, daß auch Goethe für seinen Faust als letztes erdacht hatte, daß er dem Meere Land abgewänne. Und so stand Goethe im dumpfen Urwald als lächelnder Tröster, als großer Versteher neben mir."[4]
Was aber zieht Schweitzer im einzelnen bei Goethe an? Da ist zuerst das Nebeneinander von praktischer Arbeit und geistigem Schaffen zu erwähnen.

Wilhelm Meister wird Wundarzt, und Faust endet in praktischer Tätigkeit sein Leben.
„Es ist gut, daß der Mensch, der erst in die Welt tritt, viel von sich halte, daß er sich viele Vorzüge zu erwerben gedenke, daß er alles Mögliche zu machen suche: aber wenn seine Bildung auf einem gewissen Grade steht, dann ist es vorteilhaft, wenn er sich in einer größeren Masse verlieren lernt, um anderer willen zu leben und seiner selbst in einer pflichtmäßigen Tätigkeit zu vergessen. Da lernt er sich selbst erkennen, denn das Handeln eigentlich vergleicht uns mit anderen."[5]
„Der Geist, aus dem wir handeln, ist das höchste."[6]
Und Schweitzer? Sein Leben und Denken sprechen von ähnlichen Weisheiten:
An einem strahlenden Sommermorgen 1896 überfiel mich der Gedanke, daß ich dieses Glück (er denkt an seine glückliche Kinder- und Jugendzeit) nicht als etwas Selbstverständliches hinnehmen dürfe..., daß ich mich bis zu meinem 30. Lebensjahre für berechtigt halten wollte, der Wissenschaft und der Kunst zu leben, um mich von da an einem unmittelbaren menschlichen Dienen zu weihen."[7]
Auf Goethes
„Edel sei der Mensch, hilfreich und gut"[8]
antwortet Schweitzer: „Die Reife, zu der wir uns zu entwickeln haben, ist die, daß wir an uns arbeiten müssen, immer schlichter, immer wahrhaftiger, immer lauterer, immer friedfertiger, immer sanftmütiger, immer gütiger, immer mitleidiger zu werden. In keine andere Ernüchterung haben wir uns zu begeben."[9]
„Daß jeder darum ringt, wahres Menschentum an Menschen zu bestätigen: davon hängt die Zukunft der Menschheit ab."[10]
Nun hat Goethe bei allem Tätigsein es immer verstanden, sich vom Leid anderer für die Dauer fernzuhalten. Er hatte Abscheu vor dem, was mit Tod und schwerer Krankheit zusammenhing, fürchtete er doch für sich selbst schwere seelische Schäden. An Antonie Brentano schreibt er 1818:
„Man muß sich selbst schonen, wo nichts geschont wird."[11]
Bei Schweitzer finden wir gerade das Gegenteil. Zwar war auch er von Natur sehr empfindsam, doch hinderte ihn das keineswegs, sich dem Leid anderer zu erschließen, nein, das Leid der anderen wurde zur Antriebskraft für sein Schaffen:
„Wer vom eigenen Leid verschont ist, hat sich berufen zu fühlen zu helfen, das Leid der andern zu lindern. Alle müssen wir an der Last von Weh, die auf der Welt liegt, mittragen."[12]
Mag in dieser Hinsicht der Unterschied noch so offensichtlich sein, so ist doch bei Goethe wie bei Schweitzer die Ethik die tragende Kraft im Leben.

Die Goethesche Losung:
„Schwerer Dienste tägliche Bewahrung, sonst bedarf es keiner Offenbarung!“[13]
steht über Schweitzers aufopferungsvollem Dienst in Lambarene; denn
„Wahre Ethik fängt da an, wo der Gebrauch der Worte aufhört.“[14]
In der Ehrfurcht vor dem Leben als der ins Universelle erweiterten Ethik der Liebe hat er Goethes Gedanken aus der Pädagogischen Provinz von „Wilhelm Meister“ – die der Ehrfurcht vor dem, was über uns, neben uns und unter uns ist – weitergeführt:
„Wo ich irgendein Leben schädige, muß ich mir darüber klar sein, ob es notwendig ist. Über das Unvermeidbare darf ich nicht hinausgehen... Gerade dadurch, daß das Tier als Versuchstier in seinem Schmerz so Wertvolles für die leidende Menschheit erworben hat, ist ein neues einzigartiges Solidaritätsverhältnis zwischen ihm und uns geschaffen worden... Indem ich einem Insekt aus der Not helfe, tue ich nichts anderes, als daß ich versuche, etwas von der immer neuen Schuld der Menschen an der Kreatur abzutragen.“[15]
Ähnliche Gedanken finden wir auch bei Goethe, und Schweitzer zitierte ihn, als er einer Spinne das Leben rettete:
„Als ich einmal eine Spinne erschlagen,
dachte ich, ob ich das wohl gesollt,
hat Gott ihr doch wie mir gewollt
einen Anteil an diesen Tagen.“[16]
Beiden Großen sind ethische Gedanken Offenbarungen der Natur.
„Denn das Leben ist die Liebe
und des Lebens Leben Geist:“[17]
lehrt Goethe, und Schweitzer antwortet:
„In dem Wissen vom geistigen Sein in Gott durch die Liebe besitzt er (der Mensch) das eine, was not tut.“[18]
In einer seiner Reden bekennt er, daß für Goethe
„der Urgrund der Welt zugleich der Urgrund der Liebe ist und daß diese Liebe aus dem Unendlichen an uns teilnimmt und in uns zur Wirkung kommen will“[19]
und weiß sich in diesem Denken mit ihm wesensverwandt:
„Alle lebendige Erkenntnis Gottes geht darauf zurück, daß wir ihn (Gott) als Wille der Liebe in unserem Herzen erleben.“[20]
Erleben! Das ist mehr als alle Erkenntnis, die uns nur in den Grenzen unseres Denkvermögens zuteil wird.
„Was wissen wir denn von der Idee des Göttlichen, und was wollen denn unsere engen Begriffe vom höchsten Wesen sagen?“[21]
fragt Goethe, und Schweitzer entgegnet:

„Nur ein unendlich kleiner Teil des unendlichen Seins kommt in meinen Bereich... Dem aber, was in meinen Bereich kommt und was meiner bedarf, mich hingebend, verwirkliche ich die geistige, innerliche Hingebung an das unendliche Sein."[22]

„Faust endet als Greis, und im Greisenalter werden wir Mystiker"[23], vier Jahre vor seinem Tode sagte das Goethe zu Förster. Im „West-Östlichen Divan" hatte er sich schon früher zu mystischem Gedankengut bekannt!

Auch Schweitzer geht den Weg zur Mystik, nur leitet ihn dorthin weniger das Gefühl als das Denken:

„Das zu Ende gedachte Denken führt irgendwo und irgendwie zu einer lebendigen, für alle Menschen notwendigen Mystik."[24]

Was aber die Mystik betrifft, so ist sie ein Teil christlichen Gedankengutes. Und damit stellt sich die Frage: Wie stehen Goethe und Schweitzer zum christlichen Glauben?

Goethe hat sich im Hinblick auf das Kirchenchristentum einen „dezidierten Nichtchristen"[25] genannt. Für seinen universalen Geist bedeutete der Buchstabe Enge. 1823 sagt er zu Eckermann:

„Die Leute traktieren ihn (es geht um den Mißbrauch des göttlichen Namens), als wäre das unbegreifliche, gar nicht auszudenkende höchste Wesen nicht viel mehr als ihresgleichen... Er (Gott)... wird ihnen... zu einem bloßen Namen, wobei sie sich auch garnichts denken. Wären sie durchdrungen von seiner Größe, sie würden verstummen und ihn vor Verehrung nicht nennen mögen."[26]

Schweitzer wendet sich als freier Christ auch gegen jedwede Enge. Deswegen hat er sich oft Anfeindungen ausgesetzt. Und Jesus, die Zentralgestalt des christlichen Glaubens?

Beide – Goethe und Schweitzer – erkennen in ihm die göttliche Offenbarung des höchsten Prinzips der Sittlichkeit".[27]

Goethe schaut in der Zukunft eine geeinte Christenheit, die nicht durch äußeren Kult getrennt ist:

„Es wird dahin kommen, daß endlich alles nur eins ist... Man wird sich als Mensch groß und frei fühlen und auf ein bißchen so oder so im äußeren Kultus nicht mehr sonderlich Wert legen. Auch werden wir alle nach und nach zu einem Christentum der Gesinnung und Tat kommen."[28]

Schweitzer aber weiß, daß die Ehrfurcht vor dem Leben „das Lebendigste und Allgemeinste der Frömmigkeit in den Mittelpunkt stellt". Sie „führt die verschiedenen religiösen Gemeinschaften aus der Enge ihrer historischen Vergangenheit heraus und bahnt Verständnis und Einigkeit zwischen ihnen an".[29]

Ein Christentum der Tat hat er uns ein Leben lang vorgelebt. Goethe und Schweitzer, beide bekunden Liebe zur Wahrheit.

„Ich hätte ein Lump sein müssen, wenn ich hätte so heucheln und lügen können. Da ich aber stark genug war, mich in ganzer Wahrheit so zu zeigen, wie ich fühlte, so galt ich für stolz und gelte es noch so bis auf den heutigen Tag. In religiösen Dingen, in wirtschaftlichen und politischen, überall machte es mir zu schaffen, daß ich nicht heuchelte und daß ich den Mut hatte, mich auszusprechen, wie ich empfand",[30]

bekennt Goethe 1824 Eckermann gegenüber, und Schweitzer äußert im gleichen Sinne:

„Anfang alles wertvollen geistigen Lebens ist der unerschrockene Glaube an die Wahrheit und das offene Bekenntnis zu ihr."[31]

In allem: In Schweitzer hat Goethes Geist Gestalt angenommen. Über die Schranken des Nationalen und Konfessionellen wollen die beiden Weltbürger sich eine lebendige Gemeinde in aller Welt sammeln, deren Streben der Verwirklichung eines verinnerlichten Menschen gilt, „der in einer seiner Natur entsprechenden Weise Tatmensch ist".[32]

1 Wilhelm Bode, Goethes Lebenskunst, Verlag Mittler, Berlin 1919, S. 292
2 Sch., Goethe-Reden, S. 16
3 Sch. Aus meinem Leben und Denken, S. 97
4 Sch., ebenda, S. 14
5 J. W. Goethe (G.), Wilhelm Meister, Jub. Ausg., Cottasche Buchhandlung, Stuttgart, 18/255
6 ebenda, 18/259
7 Sch., Aus meinem Leben und Denken, S. 72
8 G., Das Göttliche
9 Sch., Aus meiner Kindheit und Jugendzeit, C. H. Beck, München 1924, S. 62
10 Sch., Kultur und Ethik, C. H. Beck, München 1960, S. 79
11 Wilhelm Bode, Goethes Lebenskunst, S. 229
12 Sch., Aus meiner Kindheit und Jugendzeit, S. 49
13 G., West-Östlicher Divan, Hrsg. Ernst Beutler, Verlag Dieterich, Leipzig 1943, S. 115
14 Sch., Kultur und Ethik, S. 337
15 ebenda, S. 340
16 G., West-Östlicher Diwan, S. 60
17 ebenda, S. 82
18 Sch., Aus meinem Leben und Denken, S. 198
19 Sch., Goethe-Reden, S. 41
20 Sch., Aus meinem Leben und Denken, S. 198
21 Eckermann, Gespräche mit Goethe, Aufbau Verlag Berlin 1962, S. 613
22 Sch., Kultur und Ethik, S. 326
23 Albrecht Weber, Wege zu Goethes Faust, Diesterweg Verlag, Frankfurt, S. 218

24 Sch., Kultur und Ethik, S. 70
25 G. Gott, Gemüt und Welt, Nordland Verlag, Berlin 1941, S. 152
26 Eckermann, Gespräche mit Goethe, S. 92
27 Goethes Leben dokumentarisch, Bibliograph. Inst., Leipzig, II, 481
28 Eckermann, Gespräche mit Goethe, S, 653
29 Sch., Kultur und Ethik, S. 365
30 G., Gott, Gemüt und Welt, S. 167
31 Sch., Kultur und Ethik, S. 76
32 Sch., Goethe-Reden, S. 47

Literatur:

Emil Lind, Albert Schweitzer und Goethe, 13. Rundbrief, Heidenheimer Verlangsanstalt, Heidenheim 1958

Stefan Zweig
geb. 1881 in Wien, gest. 1943 in Petropolis. Er war freier Schriftsteller und begegnete Schweitzer 1932.
Aus „Unvergeßliches Erlebnis", in „Albert Schweitzer, Genie der Menschlichkeit", Fischer, Frankfurt/M. 1955.

Ein vollkommener Tag ist selten

Ein vollkommener Tag ist selten. So hat der, der ihn erlebt und gerade heute erleben darf, die Pflicht, besonders dankbar zu sein und dieser Dankbarkeit das Wort zu lassen.
Schon der Morgen gab ein großes Geschenk. Seit Jahr und Tag stand man wieder einmal vor dem Straßburger Münster, dieser vielleicht schwerelosesten Kathedrale der europäischen Erde.
Wie außen in die Höhe beglückt emporgeschwungen, spürt man innen, abermals erstaunt, die Weite im klar gestalteten Raum, den Orgel und Gesang sonntäglich durchfluten: auch hier Vollendung, geschaffen von dem verschollenen Genius Erwin von Steinbach, dessen Ruhm der junge Goethe mit ebenso quadernen Worten in die Unvergänglichkeit gehämmert.
Und weiter noch Vormittag und Mittag zur anderen Herrlichkeit der elsässischen Erde, hinüber nach Colmar, um wieder einmal, wissender und doch ebenso empfänglich wie vor zwei Jahrzehnten, den Isenheimer Altar des Matthias Grünewald zu bewundern. Großartiger Gegensatz bei gleicher Vollendung: dort die strenge Linie architektonisch gebunden, zu Stein gefrorene Musik, zu Kristall gewordene himmelaufdeutende Frömmigkeit, und hier in diesen flammenden Farben die übermächtige Inbrunst der Ekstase, das fanatisch gewordene Kolorit, die apokalyptische Vision von Untergang und Auferstehung. Zwei völlig verschiedene und beide fehllose Vollendungen menschlicher Schöpferkraft hat man erlebt, und noch steht die matte Novembersonne erst im Zenit; noch ist der Tag voll, noch das Gefühl offen und bereit und vielleicht gesteigerter sogar, menschlich magischen Eindruck aufzunehmen.
Noch ist Zeit, noch ist der Wille lusthaft gewillt, sich starken Eindrücken aufzuschließen, und so, vom Gefühlten erfüllt und dennoch nicht gesättigt, fährt man hinüber in ein kleines elsässiches Städtchen, nach Günsbach, um dort im Pfarrhaus Albert Schweitzer zu besuchen. Die Gelegenheit darf nicht versäumt werden, diesen merkwürdigen, wunderbaren Mann, der

wieder einmal zu kurzer Frist sein Werk in Afrika verlassen hat und in seinem Heimatort gleichzeitig ausruht und sich zu neuer Hingabe rüstet, zu besuchen; denn menschliche Vollendung ist nicht minder selten als künstlerische.

Albert Schweitzer, dieser Name hat für viele Menschen heute schon einen starken Klang; aber fast für jeden unter diesen einen verschiedenen Sinn. Unzählige lieben und verehren ihn, die meisten aber von völlig verschiedenen Gesichtsfeldern her; denn dieser Mann ist eine einzige und einmalige, eine unwiederholbar gebundene Vielfalt. Manche wissen von ihm nur, daß er vor einigen Jahren den Goethe-Preis erhielt, die protestantische Geistlichkeit bewundert in ihm einen ihrer hervorragendsten Theologen, den Verfasser der „Mystik des Apostels Paulus", die Musiker respektieren in ihm den Schöpfer des größten und gründlichsten Werkes über Johann Sebastian Bach, die Orgelbauer rühmen ihn als den Mann, der wie keiner sämtliche Orgeln Europas kennt und über ihre Technik das Tiefste und Aufschlußreichste geschrieben hat, die Musikalischen ehren ihn als den (mit Günter Ramin) vielleicht größten Orgelvirtuosen der gegenwärtigen Welt, und wo immer er ein Konzert ankündigt, sind Tage vorher alle Plätze verkauft. Aber um seiner höchsten Tat willen, um jenes Spitals, das er aus rein menschlicher Aufopferung, einzig um eine europäische Schuld zu sühnen, im Urwald von Afrika ganz allein, ohne irgendeine staatliche Hilfe gegründet und geschaffen, um dieser einzigartigen und beispielgebenden Selbstpreisgabe willen liebt und bewundert ihn jeder, der um das Menschliche weiß, alle jene, denen Idealismus nur dann groß erscheint, wenn er über das geredete und geschriebene Wort hinausgeht und durch Selbstaufopferung zur Tat wird. Diesen tief bescheidenen Mann ehren die Besten der Erde heute als ein moralisches Vorbild, und eine immer wachsende Gemeinde schart sich still (und ohne jedes Programm) um seine Gestalt. Wie stark sein Einfluß geworden ist, bezeugt in den letzten Jahren schon rein äußerlich die Verbreitung seiner Bücher, die sein Leben schildern und deren einfachstes, schlichtestes er selber geschrieben hat: „Aus meinem Leben und Denken".

Dieses Leben nun ist in der Tat würdig, einmal Gegenstand einer heroischen Biographie zu werden; heroisch freilich nicht im alten Sinn des Militärischen, sondern in dem neuen, den wir als einzig gültigen anerkennen, des moralischen Heldentums, der völligen und dabei undogmatischen Aufopferung der Person an die Idee, jenes Heldentums, das in Menschen wie Ghandi und Romain Rolland ebenso wie in Albert Schweitzer die ruhmreichsten Formen unseres Zeitalters angenommen hat.

Den Glücksfall, diesem außerordentlichen Mann, der jetzt knapp vor einer neuen Reise nach Afrika bei uns in Europa weilt, wieder zu begegnen, glaubte ich nicht versäumen zu dürfen; die Welt ist so arm an wirklich überzeugenden und beispielgebenden Gestalten, daß da eine kleine Reise wahrhaftig nicht als Preis gelten darf. Ich hatte Schweitzer jahrelang nicht gesehen, und briefliche Bindung ersetzt nur sehr unzulänglich die lebendige Gegenwart. So freute ich mich zutiefst wieder seines warmen, klaren und herzlichen Blickes. Ein wenig Grau hat sich auf sein Haar gestreut, aber prachtvoll imponierend wirkt noch immer das plastisch gehauene alemannische Gesicht, dem nicht nur der buschige Schnurrbart, sondern auch die geistige Struktur der überwölbten Stirn eine starke Ähnlichkeit mit den Bildern Nietzsches gibt. Führertum eines Menschen verleiht immer unwillkürlich von innen her etwas Autoritatives, aber das Selbstbewußtsein Albert Schweitzers hat nichts von Rechthaberei, sondern ist nur die von innen nach außen gewendete Sicherheit eines Menschen, der sich am rechten Wege weiß, und die Kraft, die von ihm ausstrahlt, wirkt niemals aggressiv; denn sein ganzes Denken und Leben beruht ja in der höchsten Lebesbejahung, oder, besser gesagt, der Bejahung des Lebens in allen seinen geistigen und irdischen Formen, also in verstehender Konzilianz und Toleranz. Albert Schweitzers Gläubigkeit und sogar Kirchengläubigkeit entbehrt jedes Fanatismus, und das erste, was dieser wunderbare Mensch, dieser einstige protestantische Priester und Theologe uns mitten im Gespräch bewundernd rühmte, waren religiöse Texte chinesischer Philosophen, in denen er eine der höchsten Manifestationen irdischer Ethik bewundert.

Es wurde ein reicher Nachmittag; man durchblätterte Photographien von Lambarene, man hörte von den hier sich erholenden Pflegerinnen und Helferinnen, der Mission, viele erschütternde und gleichzeitig wieder viele erhebende Einzelheiten von der unsäglichen Sisyphusarbeit, die dort geleistet wird, um das immer wieder neu anströmende Menschenelend nur für kurze Frist zu dämmen und zu lindern. Und zwischendurch, in dem mit Briefen und Manuskripten überstreuten Zimmer dieses unermüdlichen Menschen, freut man sich immer wieder eines Blickes auf das männlich schöne Antlitz, in dem Sicherheit und Ruhe sich zu einer seltenen Einheit verbinden. Hier wirkt, so spürt man, das Zentrum einer Kraft, die, für uns unsichtbar, sich in einem anderen Erdteil in Wohlfahrt und moralische Schöpfung umsetzt und gleichzeitig in vielen anderen Tausenden ähnliche Kräfte steigert und erregt, und während er ruht und plaudert, ist er zugleich Führer einer unsichtbaren Armee, der Mittelpunkt eines magischen Kreises, der ohne jede äußere Gewalt doch mehr Gewalt und Leistung ausgelöst hat als Dutzende politischer Führer, Professoren und Autoritätsmenschen. Und wieder erkennt man: Beispielgebende Kraft hat mehr Macht im Wirklichen als alle Dogmen und Worte. Und dann hinaus in das

kleine Tal durch das sonntäglich stille Dorf. Längst sind die Narben verheilt, die der Krieg geschlagen. Drüben an den Hängen der Vogesen und auf der anderen Seite, der deutschen Seite, wo die Kanonen mit dumpfem Schlag Stunde für Stunde ihre gasgiftigen Geschosse ausgespieen, liegt ein still friediches Abendlicht. Sorglos kann man auf der Straße gehen, die vor vierzehn Jahren noch in unterirdische, mit Stroh überdeckte Tunnels verwandelt war. Der Weg führt langsam zur kleinen Kirche; denn obwohl ich nicht wagte, ihn darum zu bitten, der große Musiker hatte unseren heimlichen Wunsch geahnt, ihn auf seiner neuen, nach seinen eigenen Angaben gefertigten Orgel wieder einmal spielen zu hören.
Es ist schon dunkel im völlig leeren Kircheninnern, als wir eintreten, und wir machen Licht. Nur über der Klaviatur der Orgel wird eine einzige kleine Birne aufgedreht. Sie leuchtet nur Schweitzers Hände an, die jetzt über die Tasten zu gehen beginnen, und das niedergebeugte, sinnende Gesicht erhält von den Reflexen ungewissen magischen Widerschein. Und nun spielt Albert Schweitzer uns allein in der leeren nachtschwarzen Kirche seinen geliebten Johann Sebastian Bach: unvergleichliches Erlebnis! Ich habe ihn, diesen Meister, der alle Virtuosen beschämt, schon früher mit tausend anderen zugleich in München in einem Orgelkonzert spielen gehört; es geschah vielleicht im technischen Sinne nicht minder vollendet; aber doch nie habe ich die metaphysische Gewalt Johann Sebastian Bachs so stark empfunden wie hier in einer protestantischen Kirche, erweckt durch einen wahrhaft religiösen Menschen und von ihm mit der äußersten Hingabe gestaltet. Wie träumend und doch zugleich mit wissender Präzision gehen die Finger über die weißen Tasten im Dunkel, und gleichzeitig hebt sich wie eine menschliche, übermenschliche Stimme aus dem bewegten Brustkorb des Orgelholzes der gestaltete Klang. Großartig ordnungshaft und inmitten äußersten Überschwanges fühlt man die Vollkommenheit der Fuge so unabänderbar beständig wie vormittags das Straßburger Münster in seinem Stein, so ekstatisch und leuchtkräftig wie die Tafel des Matthias Grünewald, deren Farben einem noch warm unter den Lidern brennen. Schweitzer spielt uns die Adventskantate, einen Choral und dann in freier Phantasie; leise und geheimnisvoll füllt sich das schwarze Gehäuse der Kirche mit großer Musik und zugleich die innere Brust.
Eine Stunde solch beschwingter Erhebung und wieder hinaus auf die schon verdunkelten Wege, die jetzt gesteigert hell erscheinen, und wieder langes, gutes Gespräch beim Abendbrot, von innen erwärmt durch das Gefühl wahrhaft menschlicher Gegenwart und die andere, die unsichtbare, die Kunst, die uns alles Irdische, politisch Widrige auf die herrischste und herrlichste Art wegzunehmen weiß. Dann wieder zurück nach Colmar und im Zuge neuerdings hin durch die Nacht, dankbar erregt und

gleichsam ausgeweitet. Man hat an einem Tag eines der vollendetsten Wunder deutscher Architektur, das Straßburger Münster, hat das Meisterwerk deutscher Malerei, den Isenheimer Altar, und schließlich noch die unsichtbare Kathedrale der Musik Johann Sebastian Bachs erlebt, aufgebaut von einem der musikalischsten Meister der Gegenwart – an einem solchen vollkommenen Tag fühlt man schon wieder Gläubigkeit für die widrigste Zeit.

Anhang

Internationale und nationale Albert Schweitzer-Organisationen

Association Internationale de l'Hôspital Albert Schweitzer à Lambaréné et de son œuvre
CH-8044 Zürich-Gockhausen, Tennmoosstr. 17
Dr. Jacob Isler

Amigos del Dr. Alberto Schweitzer
Calle Loria 117, Buenos Aires, Argentinien
Walter Kasdorf

The Albert Schweitzer Fellowship
605 Third Avenue, New York, N. Y. 10016, USA
Lawrence Gussman

Albert-Schweitzer-Friendship-House
Hurlburt Road, Great Barrington/Massachusetts, USA
Mrs. Erica Anderson

Association Belge des Amis d'Albert Schweitzer
41, rue du Ruisseau, B-4100 Seraing, Belgien
Dr. med. Léon Lafontaine

Albert Schweitzer-Freundeskreis
D-7311 Dettingen/Teck, Mörikestraße 11
Frau Mine Kik

Deutscher Hilfsverein für das Albert-Schweitzer-Spital in Lambarene
D-44 Münster/Westfalen, Sertürner Str. 23
Prof. Dr. med., Dr. phil. Hermann Mai, ehem. Dir. d. Universitätskinderklinik in Münster/Westfalen

Albert-Schweitzer-Komitee beim Präsidium des Deutschen Roten Kreuzes in der DDR
DDR 801 Dresden, Kaitzer Straße 2
Prof. Dr. med. Werner Ludwig, Präsident des DRK in der DDR

Dänischer Hilfsverein
Strandveig 18, Kopenhagen
Dr. Börge, Friis

Association Française des Amis d'Albert Schweitzer
5, rue Bellini, F-92 Puteaux
Luc Durand-Réville

Dr. Schweitzer Hospital Fund
149 Harley Street, London W 1
Dr. med. Clement Chesterman

Stichting Vrienden van het Hospital te Lambaréné
Jonkerlaan 82, Wassenaar, Holland
Pfarrer Dick Werner

Schweitzer Nippon Tomenokai
152 Kinuta Setagaya, Tokyo, Japan
Dr. med. Minoru Nomura

Svenska Albert Schweitzer Kommittén
Domprobstgränd 7, Straengnaes, Schweden
Domprobst Dr. Robert Murray

Schweizer Hilfsverein für das Albert-Schweitzer-Spital in Lambarene
CH-3600 Thun, Bürglen-Straße 15a
Pfarrer Richard Brüllmann

Lambarene Werke – Hospitäler

Brasilien
Dr. med. Humberto M. SA, Hospital Albert Schweitzer, Entre Rios, Guarapuava, Parana-Brasil

Frankreich
Guy Barthelémy et Dr. med. Greet Barhelémy-van der Kreek, Village Albert Schweitzer, Senez, Alpes de Haute Provence

Haiti
Dr. med. Larimer Mellon, Hospital Albert Schweitzer at Deschapelles, Saint Marc

Korea
Rev. Timothy Yilsun Rhee, M. D., The Ullong-Do-Hospital, Ullong-do/South Korea

Mexiko
Dr. med. Theodor Binder, Centro hospitalario y de Asistencia Agropecuaria y artesanal Albert Schweitzer, Sante Ana Nichi

Südafrika
Dr. med. Carl van Aswegen, Albert Schweitzer Clinic, Lesotho

USA
Dr. med. E. G. Cannon, Albert Schweitzer Memorial Hospital, Balsam Grove, North Carolina

Geistiges Werk Albert Schweitzer
(Museum, Zentralarchiv, Verbreitung seines Denkens)
Haus F 68140 Günsbach/France
Albert-Schweitzer-Haus